T0248147

EL ESPÍRITU ANIMAL

EC

EDITORIAL CÁNTICO

COLECCIÓN • LA FLORESTA

cantico.es • @canticoed

© Editorial Almuzara S.L., 2023
Parque Logístico de Córdoba
Carretera Palma del Río km 4, oficina 3
14005 Córdoba
© Léo Artese, 2023
© de la traducción: Pedro Luis García Sánchez, 2023

ISBN: 978-84-19387-27-1
Depósito legal: CO 2010-2022

Cualquier forma de reproducción, distribución comunicación pública
o transformación de esta obra solo puede ser realizada con la autori-
zación de sus titulares, salvo excepción prevista por la ley.

Diríjase a CEDRO
Centro Español de Derechos Reprográficos,
www.cedro.org,
si necesita fotocopiar o escanear algún fragmento de esta obra.

LÉO ARTESE

EL ESPÍRITU ANIMAL

TRADUCCIÓN DE
PEDRO LUIS GARCÍA SÁNCHEZ

EDITORIAL CÁNTICO

COLECCIÓN LA FLORESTA

SOBRE EL AUTOR

Investigador de las culturas y tradiciones chamánicas desde 1990. Creador y líder de los Viajes Chamánicos "Vuelo del águila", una ceremonia de sanación y autoconocimiento a través de ritos de paso estacionales. Investigador de las filosofías y religiones de las etnias brasileñas y mesoamericanas a través del Movimiento "Chamanismo Sin Fronteras". Fundador y Presidente del Centro Ecléctico Fluent Universal Light Céu da Lua Cheia – Santo Daime. Fundador y Presidente de la Alianza Internacional de Chamanismo Universal – IAUSH. Fundador y Director de ESPAÇO – A Kiva Urbana – Centro de Estudios de Chamanismo Voo da Águia. Fundador del Encuentro Brasileño de Chamanismo y de la Virada Musical Shamanica. Coach Profesional Personal certificado por el Consejo Internacional de Coaching – Miembro de la Sociedad Brasileña de Coaching. Master Practitioner en Programación Neurolingüística Sistémica – PAHC. Terapeuta Holístico, Acupunturista. Graduado en Locución y Radio en SENAC: DRT 27844/SP y en Doblaje en Lypsing. Profesor de comunicación verbal y técnicas de presentación en público. Conferenciante y autor de los libros: *El vuelo del águila* (Cántico, 2022) y *El espíritu animal* (Cántico, 2022). Formación en Gestión Empresarial por la Universidad Braz Cubas.

AGRADECIMIENTOS

Me está resultando un desafío el agradecer, porque han sido tantas las manifestaciones de cariño de aquellos que me rodean que me es difícil nombrarlos a todos.

Quiero primeramente agradecer a Dios por la inspiración y por el aprendizaje que he ido obteniendo mientras escribía este libro. Un libro que se ha ido transformando a partir de su idea original, como si me viera conducido por una mente que pasaba a través de mí, pero que no era mía y a la que también agradezco aquí.

Agradezco a Jesús y a Santa María, al Sol del mediodía y a la Luna llena, al Jagube y a la Rainha.

Agradezco a la Fuente de Sabiduría Superior, que me permitió entrar en el Mundo Animal de forma intensa, para de este modo sentirme un mensajero del Reino Animal.

Quiero agradecer a mi amada Chris por cuidar de los detalles a mi alrededor y a la inspiración que encontré en mi ahijado, Thales, y en mi querido hijo Leonzinho, deseando que ellos puedan transmitir esta inspiración a sus hijos y nietos, y así en adelante.

A mis hermanos del Centro Lua Cheia[1], que siempre me incentivaron, así como al arte del ilustrador y hermano Iván Mars.

---

1 N. del T. Luna llena. Nombre que tiene la Iglesia de Santo Daime y centro de actividades de la que el autor es dirigente, en Itapicerica da Serra, Sao Paulo, Brasil

A mis padres, hermana, suegros y cuñados.

A todas mis relaciones.

MYTAKUE OYASSIM

INTRODUCCIÓN

Durante mi adolescencia solía evocar a menudo en mi mente un pájaro de fuego. Y jugaba con mis amigos y mi novia a que era un pájaro de fuego que tenía mucha energía. Tuve una adolescencia bastante movida, llena de experiencias fuertes. Además, mi nombre significa León. Un nombre que acompaña a la historia de mi familia. Mi abuelo Leo, mi padre, Leo. Y hoy mi hijo Leo.

Tenía habitualmente visiones de leones y sentía un cariño especial hacia ellos. También hace algunos años descubrí que tenía 4 leones en mi carta natal. Adoraba estudiar a los animales y leer libros de zoología. Cuando tenía 15 años mi padre fue a administrar una hacienda en el Mato Grosso, en la frontera entre Brasil y Bolivia. Yo entonces me sentí radiante con la posibilidad de verlos más de cerca. De todos los animales que conocí, hice especial amistad con un mapache. Cuando llegué allí, se encontraba encerrado en una jaula. Todos los días iba a conversar con él y a darle comida. Hasta que se volvió bastante dócil y comenzó a comer de mi mano. Fue entonces que finalmente decidí soltarlo. Y se ganó la libertad. Paseaba libre por los alrededores de la casa donde vivía y jugaba conmigo.

Cierto día supe que un grupo de trabajadores de la hacienda irían a cazar a una joven loba que se colaba para comerse las gallinas. Me quedé preocupado con la noticia y pedí a mi padre que no dejara que los hombres la mataran, sino que la atraparan aunque, en el fondo, sentí que mi petición no serviría de mucho. Un día, tras la noticia, salí con un colega para visitar la casita de uno de los moradores de la hacienda. Vimos que los pavos salían huyendo y fuimos a ver qué sucedía.

De pronto nos llevamos un susto; era la loba. En un primer momento nos quedamos paralizados, viéndola acorralada entre el muro y el corral donde se guardaban los pavos. Aún hoy no sé cómo lo hice. Calzaba unas botas bien reforzadas y rápidamente pise su pescuezo. La loba se enganchó en una de las rejas de hierro del corral y ahí se quedó. Yo tuve miedo de quitar el pie, para no llevarme un mordisco en el caso de que se soltase, hasta que mi amigo agarró una cuerda de la casa y ató sus patas. Entonces pude levantar el pie.

El animal se revolvió por unos instantes y quedamos esperando a que se cansara. Después liberamos su cuello de la rejilla y la llevamos entre los dos hasta la casa de la hacienda. Uno agarraba sus patas y el otro su cabeza envuelta con una camisa.

Cuando mi madre nos vio casi se desmaya. Dejamos al animal en la jaula donde anteriormente estaba el mapache. Tal y como hice con este, todos los días le llevaba comida y conversaba con ella, hasta que se fue amansando y acabó comiendo en mi mano. Con una mano le daba de comer mientras con la otra la acariciaba, hasta que después de un cierto tiempo ella, al igual que haría un perro, lamía mis manos. A partir de ese momento aceptó que le pusiera un collar en el cuello y finalmente la solté. Se convirtió en una gran amiga. Paseábamos juntos todos los días y los trabajadores de la hacienda no daban crédito a lo que veían.

Otra conexión importante que tuve con los animales fue a través del Kung fú, a los 19 años. Aprendí los movimientos basados en los animales y muy particularmente los del águila. Y realmente sentía que volaba.

Me hice vegetariano por amor a los animales, una fuerza que llegó y fue mayor que cualquier paradigma alimentario. La alimentación vegetariana cambió muchas cosas en mi vida y me aproximó todavía más al Reino Animal.

Pero fue a través del chamanismo que aprendí a conocer el Poder del Reino Animal. Descubrí que hay un animal guardián presente en cada uno de nosotros, también llamado Animal de Poder, Espíritu Protector, Nagual, Aliado, Tótem, etc. Representa nuestro alter ego, nuestro doble y también nuestro instinto animal; nuestro lado más fuerte y menos racional.

Los animales se encuentran más cerca que nosotros de la Fuente Divina. El animal es mítico y onírico. Cuando compartimos su consciencia podemos trascender el tiempo y el espacio, así como las leyes de la causa y el efecto. La naturaleza de la relación entre el hombre y el animal es de origen espiritual.

En este libro quiero explorar el significado de la palabra *animal* referida a todo ser vivo y organizado que se mueve y que no sea el hombre. Dentro de esta definición quiero abordar para el término animal a los mamíferos, reptiles, insectos, peces, aves y todo lo que tiene vida y se mueve.

Todas las cosas del Universo tienen espíritu y vida. Las piedras, la tierra, el cielo, las aguas, las plantas y los animales son diversas expresiones de la Conciencia, en reinos y realidades diferentes. Todas las cosas del Universo se armonizan con el todo y saben cómo interrelacionar los unos con los otros. Los animales simbolizan aspectos instintivos e inconscientes del ser. Jung consideraba al simbolismo animal como una visualización del yo inconsciente. Afirmaba que el hombre se vuelve humano al conquistar su individualidad animal.

Todos nosotros tenemos un animal formando parte de nuestra medicina personal[2]. Los tótems, o animales de poder, son una fuerza que nos ayuda en la búsqueda de la armonía. Están profundamente enraizados en nuestra consciencia, representando cualidades que necesitamos desarrollar, lecciones que debemos aprender con intuición y humildad y que se encuentran ocultas. Cuando invocamos el poder del animal llamamos a la esencia de la criatura. Aprendiendo sobre los aspectos animales de nuestra propia naturaleza, podemos conectarnos con patrones instintivos que guían el comportamiento de los animales y que están presentes en los seres humanos como una fuente inagotable de sabiduría. Los animales de poder son manifestaciones de los poderes arquetípicos ocultos, los cuales dan respaldo a las transformaciones humanas, dando a las personas un cuerpo vigoroso, aumentando la resistencia a las enfermedades, la agudeza mental y la autoconfianza.

Los animales también dan auxilio en el diagnóstico de enfermedades, aumentan nuestra disposición ante los desafíos y proporcionan ayuda para nuestro autoconocimiento. Son nuestros aliados.

---

2 N. del T. La medicina a que se refiere el autor debe entenderse como el conjunto de cosas y energías que vibran de forma positiva con el sujeto y que le ayuda a sanar los aspectos más profundos de su Ser.

Cada animal tiene sus propios talentos, o una esencia espiritual y, a través de ello, cada cual, con su propia medicina, nos transmiten su sabiduría.

Este libro ha sido escrito para que el lector entre en contacto con esa fuerza a través de una mayor comprensión de la energía animal y de la práctica de rituales y meditaciones, para aumentar su poder personal, expandir su conciencia y su autoconocimiento. Esta relación podrá traerle un vigor extra, ayudarle a tener ideas más claras, a prevenir enfermedades o en la recuperación de su salud, a mejorar su relación con las personas y con el Universo, aumentar su intuición, mejorar su poder de decisión, aumentar la confianza y la disposición para enfrentar los desafíos de la vida y protegerle contra los peligros. Ha sido escrito basado en mis experiencias personales con el chamanismo, a través del contacto con chamanes de diversas líneas y también en búsquedas bibliográficas. Considero que este libro ha sido escrito por mí y por muchos otros autores, lo que lo convierte en una obra del Universo, de la mente colectiva de la humanidad. No tengo la pretensión de abordar en él todos los aspectos posibles. Hubo un momento en la búsqueda en que decidí detenerme, pues cuanto más buscaba más encontraba. Pienso que un libro verdaderamente completo llevaría una vida entera para ser escrito. Tal es la riqueza del mundo animal.

Dando un paseo a través de diversas tradiciones, mi intención es establecer un proceso para que los lectores se conecten con nuestra Madre Tierra a través de sus criaturas. Y lo que tiene cabida en este libro son las criaturas animales. Espero con esto abrir una nueva puerta de entendimiento y autoconocimiento y que este libro sea un puente para un nuevo modo de ver el mundo, que traiga más conocimiento para caminar en equilibrio sobre nuestra Madre Tierra.

¡En este momento decreto que se abra la puerta del Mundo Profundo, para que usted, lector, se encuentre con los misterios, la magia y el Poder de los Espíritus Animales!

CANÇÃO DE PODER

Canción inspirada[3]

Chamo a força encarnada	*Llamo a la fuerza encarnada*
Para usar as minhas mãos	*Para usar mis manos*
Para expulsar os malfazejos	*Para expulsar a los malévolos*
Que atrapalham meus irmãos	*Que enredan a mis hermanos*
Peço aos Seres Sagrados	*Pido a los Seres Sagrados*
Pra me dar a Proteção	*Para darme su protección*
E a Águia vai por cima	*Y el Águila va por encima*
E o Leão vai pelo chão	*Y el León va por el suelo*
Segue a Águia em seu vôo	*Sigue el Águila en su vuelo*
Para me dar a visão	*Para darme una visión*
E quando eu toco meu tambor	*Y cuando toco mi tambor*
É quem segura a minha mão	*Es quien sujeta mi mano*
O Leão com sua força	*El león con su fuerza*
Reinando na imensidão	*Reinando en la inmensidad*
E é essa força que eu sinto	*Y es esta la fuerza que yo siento*
Dentro do meu coração.	*Dentro de mi corazón*

---

3 N. del T. Las canciones inspiradas, dentro de la línea espiritual del Santo Daime, son conocidas como *hinos*. Estos hinos no son composiciones musicales al uso, sino que son *recibidos*. Las personas que los reciben afirman que esto ocurre de varias maneras. Algunos escuchan la canción como si esta fuera enviada desde planos espirituales, otros sienten la inspiración, como si el canto se fuera canalizando a través de ellos. Algunos tienen *miraciones,* o experiencias de visualización muy vívidas en las que el canto llega como una experiencia espiritual. Esto puede ocurrir dentro de rituales y bajo la influencia de las plantas de Poder utilizadas en los mismos o en momentos de inspiración mística. El autor tiene tres *hinarios* (libros de himnos sagrados), conformados por más de 200 de estos cantos.

Fique muito alinhado
Diante dessa afirmação
Eu uso a Luz do Amor
Pra te tirar da escuridão.

Me quedé muy alineado
Frente a esta afirmación
Y uso la luz del Amor
Para sacarte de la oscuridad.

LOS PRIMORDIOS
LAS ANTIGUAS CIVILIZACIONES
LAS RELIGIONES

*Cuenta una leyenda siberiana que en el principio vivían
dos pueblos celestiales en la tierra.*

*El pueblo que vivía en Occidente era bueno y el pueblo que
vivía en Oriente era malvado.*

*Los Dioses crearon a los hombres y todo vivía en paz y
armonía, pero el pueblo malvado envió a la humanidad las
enfermedades y la muerte.*

*Para aliviar el sufrimiento de las personas los Dioses envia-
ron un Águila para transmitir los poderes medicinales del
chamanismo.*

*Y el Águila fue hasta los hombres, pero los hombres no
entendían su lengua, de forma que ella no consiguió transmitir la ciencia y el don de su medicina.*

*El Águila volando, con la firme decisión de cumplir su
misión, vio en las alturas una bella mujer que dormía
desnuda bajo la sombra de un árbol.*

*El Águila se posó, hizo el amor con esa mujer y del fruto de
ese amor nació el primer chamán de la tierra.*

Esta narración ilustra la conexión del hombre medicina, del chamán, con los animales.

En Siberia, entre los Buriatas, el animal o ave que protege al chamán se conoce como *Khubilgan*, palabra que significa "metamorfosis", asumir otra forma.

Según Alix de Montial, el chamán es una especie de héroe zoomorfo, parte hombre, parte Dios y parte animal.

Se esboza así el retrato del chamán: más que hombre, no totalmente Dios y bebedor de la fuente del conocimiento intuitivo animal.

Una pintura de una inmensa caverna paleolítica conocida como Trois Frères, en el sur de Francia, muestra un hechicero vestido con ropa ceremonial, con la cabeza dotada de cuernos y orejas de venado, ojos de lechuza, rabo, órgano sexual felino, sugiriendo un león, y garras de oso.

En las paredes de muchas cavernas paleolíticas se han descubierto inscripciones que confirman el pacto entre el hombre y el animal, cuya época se remonta a cerca de 30.000 años A.C.

En Lascaux, también en Francia, en una especie de cripta, se ve la figura de un chamán tumbado en trance, usando máscaras y vestimenta de ave. La asociación del viaje chamánico con el vuelo de un ave es común en el chamanismo. El ritmo del tambor era considerado en algunas creen-

Hechicero de Trois Frères

Viaje de un chamán

cias como el caballo que transporta al chamán en trance, en otras se trataba de las alas de transporte espiritual que elevan el espíritu del chamán. Los chamanes de Siberia utilizan todavía hoy vestimentas de aves y muchos creen que sus madres recibieron visitas de aves, siendo concebidos a través de esa unión.

Los dinosaurios establecen vínculos con un pasado distante al que llaman *Mundo Perdido*. Gigantescos, amenazantes, dóciles y graciosos, están en los mitos y leyendas de la humanidad, despertando la curiosidad sobre su origen y desaparición. Están presentes en las artes, diseños, revistas, historias, cómics, juegos, estudios científicos, documentales, literatura, sueños, películas de cine, etc.

Restablecen el vínculo con un pasado misterioso del planeta. Un mundo distante, desconocido y profundo, de una naturaleza salvaje e intocable. Nos enseñan a cuidar del medio ambiente y adaptarnos a las circunstancias y el entorno.

En las religiones antiguas existen registros de rituales de hombre y animal en todos los continentes. Ejemplos como Ganesha, la divinidad hindú con forma humana y cabeza de elefante; Thot en Egipto, con forma humana y cabeza de halcón, así como el pez y la oveja en el cristianismo. También en la mitología griega, entre los fenicios, mayas, aztecas, indios norteamericanos, en Siberia, en los cultos africanos, en Perú, entre los aborígenes australianos, entre los esquimales, los indios brasileños, en el taoísmo, etc.

Dicen muchas tradiciones que el ser humano, en sus comienzos, podía comunicarse con los animales y que había un estado de confianza y amistad entre el hombre y las fieras. Algunas leyendas judaicas afirman que, en todos los sentidos, el mundo animal tenía una relación con Adán diferente de la que tuvieron sus descendientes. No solamente conocía el lenguaje de los hombres, sino que también respetaba la imagen de Dios y era temeroso de la primera pareja humana. Pero todo eso cambió tras la caída del hombre.

Se cuenta que en el jardín del Edén, Adán y Eva hablaban la lengua de los animales y vivían en armonía con sus instintos. Posteriormente Noé se convirtió en el prototipo de figura salvadora para todo el mundo animal. Noé liberó una paloma del arca, que a su vuelta trajo en el pico una rama de olivo, símbolo permanente de la paz juntamente con la del arco iris, estableciendo una Nueva Alianza entre Dios y el hombre.

El jardín de las delicias - El Bosco

El mito del Jardín del Paraíso o del mismo Arca de la Alianza, nos muestra una especie de ecología espiritual, una inevitable relación y responsabilidad para con el mundo de los animales. Todo lo que el hombre hace actualmente con los animales es reflejo de la condición de nuestro estado decadente, que sustituye a las maravillas del Edén, donde los animales y las personas vivían en armonía en el Paraíso.

En la Grecia antigua se cuenta que Zeus, cuando nació, fue alimentado por las abejas, que le daban miel y por la cabra Amaltea, que le dio leche. El Carnero era consagrado a Zeus y era de su cornamenta, la famosa cornucopia, que se derramaban los tesoros sobre la tierra, siendo así símbolo de la prosperidad y de la abundancia.

El caballo está asociado a Apolo, el Dios solar, conduciendo su carruaje y simbolizando el movimiento diario del cielo. Apolo se transformó en lobo para defender a la ninfa Cirene del ataque de un león. Y fue transformada en loba, de forma que su hermana Artemisa lo encontró en un ritual de purificación.

La mitología cuenta que Artemisa, o Diana, se transformó en osa para engendrar a Arcas con su padre Zeus. Diana, también considerada la señora de los animales, tenía un ciervo blanco que no temía a los hombres. Atenea, la Diosa de la sabiduría, era simbolizada por una lechuza.

Una ceremonia religiosa descrita por Platón cuenta que los Reyes, solamente con bastones y redes, cazaban a un toro sagrado y lo ofrecían a Poseidón.

En los sacrificios, la sangre del animal podía conjurar al Dios y exorcizar a los muertos. La sangre se recogía en un vaso que tenía la forma de un toro. Los cuernos de la vaca son símbolos de la luna y el toro, con su fuerza creadora, simboliza la fertilidad. Era un animal sagrado no solamente en Grecia sino también es Mesopotamia, Egipto, India y Roma.

El mito del minotauro cuenta que Poseidón, Dios del mar, envió a Minos, rey de Creta, un toro blanco para ser sacrificado en su honor. Pero el rey, encantado con la belleza del animal, lo guardó para sí. Poseidón indignado despertó en la reina Pasífae un enamoramiento enfermizo por el toro y de esa unión nació el Minotauro, un ser con cuerpo de hombre y cabeza de toro.

En algunas partes de Grecia Poseidón era Hippios, Dios de los caballos, el protector de los centauros. El mito del centauro, medio hombre, medio caballo, tiene en Quirón su personaje más conocido, el profesor de la medicina y de la astronomía. Zeus lo inmortaliza en la constelación del Centauro. Otro mito importante era Pegaso, el caballo alado, representando el lado natural e instintivo.

Los sátiros eran criaturas representadas por un hombre con orejas, cuernos, rabo y piernas de cabra. El más famoso era Pan, nombre que significa "todo". Era Dios de la caza, de los pastores y de los rebaños. En una de las versiones de la mitología griega, Pan se transformó en Carnero blanco para seducir a la Diosa lunar Selene.

Los pájaros simbolizaban a las divinidades y eran consagrados a ellas. Para los romanos el águila simbolizaba a Júpiter, la Paloma blanca a Venus, el pavo real a Juno y la lechuza a Minerva. Rómulo y Remo fueron alimentados por una loba. En la mitología romana los lobos eran consagrados a Marte.

La Quimera tenía su representación más clásica con cabeza de león, cuerpo de cabra y parte posterior de dragón o serpiente que vomitaba fuego. Fue muerta por el héroe Belerofonte, montado en Pegaso.

El primero de los 12 trabajos de Hércules fue enfrentarse con el León de Nemea, pasando a usar su piel como protección para los demás trabajos. Mató a la Hidra de Lerna, monstruo de muchas cabezas; capturó a la cierva de Cerinea, de cuernos de oro y patas de bronce; capturó vivo al jabalí de Erimanto; limpió el establo de 3.000 bueyes del Rey Augías; mató con flechas envenenadas a las aves antropófagas del Estínfalo; capturó vivo y domó al toro de Creta, que lanzaba llamas por las narices; capturó a las yeguas de Diomedes; llevó al rey de Micenas un rebaño de bueyes rojos de Gerión y se apoderó de Cerbero el terrible perro de 3 cabezas draconianas y pescuezo de serpiente, guardián de las puertas del infierno.

Las antiguas leyendas de Homero relatan que los Dioses podían asumir otras formas. Zeus se transformó en varios animales para seducir Diosas y mujeres mortales. La vaca y el pavo real eran consagrados a Hera.

Hermes (Mercurio), era invocado como Dios de los pastores y protector de los rebaños, de los caballos y de los animales salvajes. Posteriormente se volvió el Dios de los viajeros.

La paloma, el gorrión y el cisne representaban a la Diosa del Amor y de la belleza Afrodita (Venus).

Sátiro

25

Antígona vio sus cabellos transformados por Hera en serpientes. Los Dioses, apiadados de ella, la transformaron en cigüeña.

En Egipto se creía en la unión del hombre con el animal. Los animales, domesticados o salvajes, eran dotados de poderes divinos, tanto que sus grandes dioses fundían su imagen con la de los animales.

Amón-Ra se representa con cabeza de carnero y cuerpo de hombre. Así, el carnero se consideraba sagrado para los egipcios.

El animal más celebrado de Egipto era el toro Apis, la reencarnación del Dios Ptah, después asociado a Osiris.

El Dios Horus, Dios del Cielo y de la belleza, es reflejado en los relieves con cuerpo de hombre y cabeza de halcón. Anubis, el Dios de la muerte, era representado por un hombre con cabeza de chacal.

Isis la Diosa lunar se representaba con cabeza de vaca, también representada por el rostro cubierto con un velo.

Osiris, Dios de los muertos y de la fertilidad, resucitó como lobo para ayudar a Isis y Horus a combatir a Seth.

Seth, con cuerpo de hombre y cabeza de un animal semejante a un perro (o chivo), en el inicio era un Dios benéfico y con el tiempo fue considerado la personificación del mal. Mandaba sobre los truenos y las tempestades.

Toth o Hermes, el Dios con cabeza de Ibis (ave zancuda de pico largo y curvado), representaba el principio trascendente. En las olimpiadas griegas era consagrado como Mercurio, con sandalias aladas.

Entre las grandes madres Diosas Neit, la vaca celestial, es la primera parturienta. Es la madre que engendró al Sol y es honrada especialmente por las mujeres. Del mismo modo tenemos a Hathor, la vaca, que es dadora de leche y es la Madre. La madre del Sol es la diosa del amor y del destino. Se identifica también con la amigable Diosa gata Bastet, que representaba los poderes benéficos del Sol, y desdoblada en su forma terrible es la diosa leona Sekhmet, que representa sus poderes destructores. También era curadora de epidemias, aunque al mismo tiempo podía causarlas. Sekhmet era la diosa de la guerra y de las batallas. A pesar de tener cabeza de leona contaba con un frágil cuerpo de niña. En todo el alto Egipto prevalecieron los cultos a la leona, por su belleza, denotando el carácter devorador de la gran deidad femenina.

Tueris era la diosa hipopótamo que protege a las mujeres embarazadas y a los nacimientos. Se invoca en los partos y también para proteger a las personas durante el sueño.

El Dios Sobek, aliado de Seth, era representado como un hombre con cabeza de cocodrilo.

Rá es uno de los nombres del Sol. Cuando desaparece por la noche es Atón, viejo jorobado. Por la mañana renace en el este en la forma de un escarabajo, Jepri (Khepri). Durante el día clarea la tierra siempre en la forma de un halcón.

En la simbología egipcia existía un pájaro con cabeza humana representando al alma que volaba tras la muerte.

La esfinge, símbolo de poder real, tenía cabeza de hombre y

Gato sagrado egípcio

cuerpo de león. Personifica la fuerza del león, con la inteligencia del hombre y la claridad espiritual de Dios.

Sapos, serpientes, escorpiones y cocodrilos eran considerados sagrados. Se han encontrado cementerios de animales momificados. Los animales eran símbolo de fuerza y poder y eran venerados por sus capacidades.

Ganesha

En Persia hacían culto al Dios Mitra, el león, que era el símbolo del Sol. Su templo era guardado por leones vivos.

En la India se adora al toro, el león, la serpiente y el elefante.

La vaca, en la India, continúa siendo sagrada hasta el día de hoy. Es la madre de millares de hindús. La protección de la vaca es un regalo del hinduismo para el mundo.

Conectados a uno de los principales dioses del hinduismo, Vishnú, el más alto creador del Universo, están Naga y Garuda, serpiente y pájaro, que conservan y protegen el mundo.

En su primera encarnación, Vishnú era Matsya, el gran pez que salva la humanidad del diluvio (semejante a Noé), quien conducía un barco con todos los animales de la tierra, llevándolo hasta tierra firme. Kurmá, la tortuga, fue la segunda encarnación de Vishnú; la tercera fue Vraha, el jabalí. En la cuarta fue Narasimha, mitad hombre, mitad león.

Para los hindús los elefantes eran criaturas extraterrenas. Brahma, el eterno, cogió la mitad de un huevo del pájaro solar Garuda en sus manos y cantó 7 canciones sagradas, las cuales dieron origen a los elefantes.

El Dios Ganesha, hijo de Shiva y Parvati se representa como un hombre con cabeza de elefante. Dios de la sabiduría, Ganesha trae la buena suerte, vence los obstáculos, abre los caminos y ofrece autosuficiencia. Es también protector de los negocios y del hogar. Señor de todos los comienzos y para proteger en todos los proyectos. Es la divinidad de las prácticas tántricas.

Lakshmi, Diosa de la fertilidad y riqueza, aparece siempre asociada a un elefante.

La serpiente es el símbolo de la energía kundalini. Se considera también como espíritu guardián del agua. En Nepal las serpientes se invocan para pedir lluvia.

El pavo real se asocia con Indra, el Dios de la guerra, la lluvia y el trueno.

Saraswati, la Divinidad de las artes y de la música, tiene un cisne como vehículo. El tigre es la cabalgadura de la Divinidad Durga.

Hanuman, el Dios mono, es uno de los dioses más populares del hinduismo. Es quien salva de las adversidades, hijo del Dios del aire Pavángati y de la ninfa Anjana.

Hanuman

Prajapati, el Señor de la creación de los Vedas, reprodujo varios animales a partir de su propio cuerpo. La divinidad regente del fuego Agni, de los Vedas, tenía al carnero como símbolo.

Una leyenda india dice que el Sol, cuando comienza la noche, cabalga en un caballo negro, al discurrir de la noche, en un caballo ceniciento y por la mañana un caballo blanco y luminoso.

En China, entre los seres envueltos por la gracia de los cielos, estaban el unicornio Chiling, el ave Fénix Feng-Huang, la tortuga Kuei y el animal mítico más elevado, el Dragón, símbolo de la sabiduría de la inmortalidad y del renacimiento.

Dice la mitología China que la zorra adquiere el poder de asumir la forma que quiera, poseyendo la sabiduría del pasado, la visión del futuro y la capacidad de leer el alma del hombre, pudiendo hasta adoptar las facciones humanas.

La cabalgadura del patriarca Chang Tao Ling, era un tigre.

Dragón

Kuan-Yin, la gran madre China, se representa como una diosa pez, encarnación del principio *yin*. Es conocida como "*la señora que trae a los niños*". También se representa como Diosa de la compasión, en la forma de un caballo blanco o con cabeza de caballo.

En África el elefante, junto al búfalo, era uno de los más importantes animales. Un culto pigmeo dice que el espíritu creador se manifiesta en sueños como un enorme elefante, para hablar con los hechiceros y cazadores. Algunos creen que el alma del cacique[4], tras la muerte, ocupa el cuerpo de algún elefante macho para habitar.

De Arabia viene la maravillosa leyenda del ave Fénix. Decían que era tan grande como un águila, con cuello dorado, cuerpo púrpura, cola azul y plumas de color rosa. Es el animal sagrado del Sol, que renace de sus cenizas.

La ballena Bahamut soporta el peso de la Tierra.

Entre algunos pueblos nórdicos, el oso era extremadamente venerado en múltiples ceremonias rituales. En busca de sabiduría, el Dios escandinavo Odín montaba en un caballo de 8 patas. Los vikingos tenían un dragón en la proa de sus navíos para ahuyentar los peligros del mar.

Odín se asocia al lobo y tiene a su lado un caballo, dos cuervos y dos lobos.

Fénix

Los templos de la Diosa fenicia Astarté tenían piscinas especiales donde nadaban peces sagrados, pues según aquella cultura, dos peces empujaron un huevo mágico hacia la playa y de este nació la

---

4 N. del T. El término cacique, utilizado para denominar a los jefes políticos y en algunos casos espirituales en la América colonial, proviene de las palabras jeque o sheik, que denotan el mismo significado en las naciones africanas.

Diosa. Ella tuvo un hijo llamado Ichthys, que tenía forma de pez y que en Babilonia se tornó el Dios Pez Ea.

Existen estudios que muestran que el ratón fue adorado por los fenicios como animal sagrado de la fertilidad, debido a su alta tasa de reproducción, que comparte con el cerdo. Los fenicios tomaban al cerdo como animal sagrado y lo asociaban con la fertilidad y sexualidad. Era un símbolo del elemento femenino, como vientre que genera y concibe. El término "porquería" fue creado en nuestra civilización para describir cuestiones sexuales de manera peyorativa.

Baal Hamón es el Dios de los cielos y de la fertilidad, simbolizado por un anciano con barba y cuernos de Carnero.

Había entre los incas un culto lunar, donde el astro es consagrado al puma, quien cada noche devora un trocito de Luna y, cuando está satisfecho, la deja crecer de nuevo. El puma vive en el centro de la Tierra y sale por la noche para devorarla.

Mama Cocha, madre del gran Inca Viracocha, gustaba de fiestas y danzas y era muy amiga de los animales. Se dice que vivía rodeada de periquitos verdes, papagayos multicolores, palomas salvajes y todo tipo de pequeños animales, macacos y otros bichos de la selva virgen.

Mama Cocha, la madrecita, era representada por una ballena. En la mitología inca se tornó la Diosa de las aguas y la lluvia.

En Nazca, Perú, se puede observar desde lo alto una enorme araña de 45 metros de longitud grabada en la tierra y que dicen corresponder a la cultura Nazca. Se sugiere que los nativos recorrían estas líneas para captar la energía de los animales representados en ellas. También encontramos un colibrí, un mono, un cóndor, un lagarto, una ballena, un perro…

Es influyente en Perú la simbología de los 3 animales: el puma representando la fuerza y el poder, que simboliza a la tierra; la serpiente representante de la sabiduría, que simboliza el agua y el cóndor, que representa la justicia, el equilibrio y la armonía, simbolizando el aire.

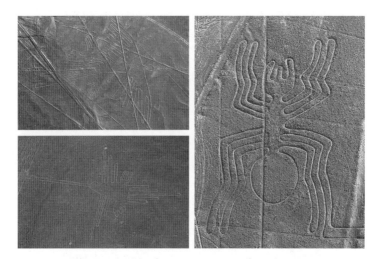

Imágenes aéreas de Nazca mostrando una araña,
un colibrí y un pájaro místico

O CONDOR

Canción canalizada

Das montanhas lá do alto	*De las montañas, allá en lo alto*
Vem rasgando o Céu azul	*Viene rasgando el Cielo azul*
Este pássaro sagrado	*Este pájaro sagrado*
Desta América do Sul	*De esta América del Sur*
Ele é filho do Sol	*Él es hijo del Sol*
Do Mundo Superior	*Del mundo superior*
Vem do Reino Imperial	*Viene del Reino imperial*
É o Príncipe Condor	*Es el Príncipe Condor*
E a minha consciência	*Y mi consciencia*
Para o alto Ele levou	*Para lo alto Él llevó*
Eu acalmo corpo e mente	*Yo calmo el cuerpo y la mente*
Prá essa Força que chegou	*Para esa Fuerza que llegó*
Com seu olho tudo vê	*Con su ojo todo lo ve*
Com seu olho Eu enxergo	*Con su ojo yo observo*
Lá do alto vou olhando	*Desde lo alto voy mirando*
E meu corpo eu entrego	*Y mi cuerpo yo entrego*
Ele vai e vai voando	*El va y va volando*
Também vou, vou muito além	*También voy, voy muy allá*
Do Pai Sol também sou filho	*Del Padre Sol también soy hijo*
Da Mãe Terra sou também	*De la Madre Tierra soy también*
Neste momento sublime	*En este momento sublime*
Uma compreensão me vem Sei que	*Una comprensión me viene*
posso ser Divino	*Se que puedo ser Divino*
E viver aqui também	*Y vivir aquí también*
Vou voando, vou voando	*Voy volando, voy volando*
Vou voando sem temor	*Voy volando sin temor*
Vou voando nas alturas	*Voy volando en las alturas*
Vou pro Reino do Amor	*Voy hacia el Reino del Amor*

Vou pro Reinado Dourado	*Voy hacia el Reino Dorado*
Com meu Eu Superior	*Con mi Yo Superior*
Neste Céu tranqüilo e calmo	*En este Cielo tranquilo y calmo*
Vou nas asas do Condor	*Voy en las alas del Condor*

Quetzalcoalt, el Dios serpiente emplumada, a quien los Mayas llamaban Kukulkán, influyó en las artes, la astronomía, el calendario y la religión. Era fuertemente asociado con la estrella de la mañana, el planeta Venus. Para los mayas, el jaguar atraía la lluvia y protegía los cultivos de maíz. El jaguar representaba también a la Diosa de la Luna y de la Tierra.

En el Nuevo Testamento Jesús aparece por primera vez en un pesebre entre animales.

Quetzalcoatl

En busca de su visión *"…Jesús estuvo en el desierto 40 días, siendo tentado por Satanás; y estaba entre las fieras y los ángeles le servían…"* (Marcos 1:13)

Jesús se mostró como un iniciado en el conocimiento del lenguaje de los animales. Un día dijo a sus discípulos:

"He aquí, yo os envío como a ovejas en medio de lobos; sed pues prudentes como serpientes y sencillos como palomas." (Mateo 10:16)

En el bautismo de Jesús el espíritu de Dios desciende sobre él en la forma de una Paloma.

Los primeros cristianos iniciados en los misterios encontraban el nombre griego del pez IXTUS:

Natividad Mística de Sandro Botticelli

Iesus Xristus Theos Unios Soter, que significa "Jesucristo hijo de Dios Salvador".

En los animales simbólicos de la visión de Ezequiel, está el símbolo de los 4 evangelistas: Mateo, el Ángel o el hombre, marcando el nacimiento de Cristo; Marcos, el león, cuyo Evangelio comienza en el desierto; Lucas, el toro, iniciando con Zacarías, quién sacrificó el ganado; Juan, el águila, porque a través de ella el espíritu de Dios se manifiesta. Según Blavatsky, cada uno de ellos representa una de las 4 clases de planos, de la misma forma que cada personalidad es moldeada. El Águila representa el Éter o el Espíritu Cósmico, el ojo omnipresente del vidente; el Toro simboliza las Aguas de la Vida, el elemento que lo engendró todo, así como la Fuerza Cósmica; el León simboliza el Fuego Cósmico, la energía del ímpetu, el valor intrépido; el Ángel es la síntesis de los 3 combinados en el intelecto superior del hombre y en la Espiritualidad Cósmica. Entre los primitivos cristianos había 3 símbolos: el cordero, el pastor y el pez. El pez es el emblema de las encarnaciones de compasión y piedad divina y representaría a distintos salvadores del mundo. El símbolo del pez fue abandonado por la Iglesia católica mientras que los otros dos permanecieron; así la Iglesia acabó perdiendo las enseñanzas místicas, pues el pez simboliza también lo oculto. El cordero representa al Cristo Mesías y a la Pascua.

"…desde el interior de las entrañas del pez, Jonás hizo este rezo al Señor…" (Jonás 2:3).

San Francisco de Asís en el siglo XII casi fue canonizado por los propios animales, que lo veían como amigo, reconociendo su estado espiritual. En cierta ocasión él predicó a las golondrinas que llegaron hasta él, guardaron silencio y escucharon:

La visión de Ezequiel

"—¡Pajaritos, mis hermanos! Debéis siempre alabar a vuestro Creador y amarlo, porque Él os dio plumas para vestiros, alas para volar y todo lo que vosotros necesitáis.

¡Dios os dio un buen lugar entre sus criaturas y os permite vivir en la pureza del aire! Os protege y os cuida con mucha atención."

La historia registra también a San Francisco amansando a un lobo feroz, lo cual asombró a todo un pueblo, apenas con una mirada humilde y algunas palabras, comprobándose su amor por los animales.

San Antonio fue a predicar a una villa de Italia en la que ningún ciudadano quería escucharle, porque había llegado a la ciudad la noticia de que era falso y mentiroso. Entonces San Antonio se dirigió a un río y comenzó a predicar para los peces.

San Francisco de Asis

"¡Queridos hermanos voy a predicar para vosotros porque las personas de corazón duro rehúsan escuchar las palabras de Dios!"

Entonces los peces comenzaron a subir hacia la superficie, colocando sus cabezas fuera del agua, pareciendo escuchar atentamente lo que el Santo decía.

San Antonio continuó el sermón agradeciendo y elogiando a los peces por su papel en la creación.

Personas atraídas por la curiosidad fueron a ver al Santo conversando con los peces y por la noche una inmensa multitud fue a escuchar el sermón de San Antonio.

Fragmentos de los salmos de David:

66v15: *"Te ofreceré holocaustos de animales cebados con sahumerio de carneros; haré una ofrenda de toros y machos cabríos. Selah."*

92v11: *"Pero tú exaltarás mi poder como el del unicornio: seré ungido con óleo fresco."*

De los proverbios de Salomón:

06v06: *"Fíjate en la hormiga oh perezoso: mira para tu camino y sé sabio."*

19v12: *"Como el rugido del hijo del león es la indignación del Rey, mas como el Rocío sobre la hierba es su benevolencia."*

30v19: *"El camino del águila en el cielo; el camino de la serpiente en la roca; el camino del navío en mitad del mar; es el camino del hombre con una virgen."*

Me contaron una anécdota de Mahoma, que se narra en el islamismo, en un momento que estaba con uno de sus fieles, en los tiempos en que era perseguido por los coraichitas y se refugió en una caverna:

—"Y Alá realmente los protegió, porque una araña tejió su tela cubriendo enteramente la entrada de la cueva, las abejas hicieron ahí sus panales y una paloma puso sus huevos, lo que hizo que los perseguidores del profeta ni siquiera entrasen allí para mirar."

Otro pasaje cuenta que, llegados a los límites de la Tierra Santa, los peregrinos descubren sus cabezas, visten una túnica blanca ceñida a los riñones con un echarpe típico de allí, se cubren los hombros con un manto y calzan sandalias que no cubren el talón ni el empeine, y juzgan así escuchar el camello de Maoma que, invisible a la vez que inmortal, les saluda a su llegada.

Lao-Tse:

He oído decir que quien conoce
El arte de gobernar bien su vida
No encuentra rinocerontes ni tigres
Cuando viaja por la Tierra.

Buda también está muy asociado a los animales. Se cuenta que en el momento en que el Iluminado alcanzó su gran despertar, se acordó de todas sus encarnaciones anteriores vividas en varias formas de animales.

En el Bardo, El Libro Tibetano de los Muertos, se describe una simbología budista del norte, sobre tronos en formas de animales describiendo los atributos de los 5 budas. El trono León simbolizando el coraje, el poder y la fuerza soberana; el trono elefante, la inmutabilidad; el trono caballo, la sagacidad y la belleza de la forma; el trono pavo real, la belleza y el poder de la transmutación y el trono harpía, el poder y la conquista de todos los elementos. Son símbolos de las fuerzas celestiales de iluminación para servir de guía en el camino hacia el estado de Buda.

MAGIA Y ORÁCULOS

Los animales se utilizan en la magia como eliminadores del fluido astral. Muchos hechizos se basaban en la animación obtenida de un cuerpo astral de un sapo. Utilizaban partes de animales y aves en sus pociones. En la antigüedad los profetas ofrecían sacrificios animales a Dios. En el candomblé[5], en algunos cultos africanos todavía se

---

5 N. del T. Candomblé. También conocido como culto de los Orishas, es una de las religiones afrobrasileñas practicadas principalmente en Brasil, aunque se ha extendido de forma moderada por toda Latinoamérica. Es una religión animista que tiene como base el espíritu de la naturaleza.

utiliza esa forma de energía animal. En los rituales y ceremonias de la nueva era, la energía de los animales se alcanza a través de la meditación, visualizaciones, imágenes totémicas, no siendo necesario el sacrificio.

El simbolismo animal está fuertemente presente en los oráculos. En la astrología la propia palabra zodíaco significa *rueda o camino de los animales*. Aries, o Carnero, es el impulso, el inicio. Se corresponde con la actividad, con la búsqueda de la identidad individual. Tauro es la estabilidad y la búsqueda del valor y del sentido. Géminis, aunque no sea una figura animal, es representado por Rómulo y remo, que fueron alimentados por una loba. Mercurio, que lleva en las manos el caduceo sobre el cual se elevan dos serpientes aladas y también alas en los tobillos, es la versatilidad y la búsqueda de la variedad. Cáncer, el cangrejo, es la devoción, la emoción, la fuente del sentimiento de la Madre primordial. Leo es el magnetismo, la vitalidad, la búsqueda del ser y de la totalidad. Virgo, asociado al unicornio, es también una Sirena, un Ángel o Deméter, Diana, la Diosa de los animales que representa la practicidad y la búsqueda del análisis. Libra, también asociada en la astrología esotérica con la diosa Hathor, que vivía bajo la forma de una leona (o vaca), representa la armonía, la búsqueda del alma gemela. Escorpio, también asociado al águila y a la serpiente, es la intensidad, la búsqueda de la transformación. Sagitario, el centauro, es la integración de la naturaleza animal con la naturaleza humana, la visualización y la búsqueda de sabiduría. Capricornio, la cabra, es la ambición, la búsqueda de los objetivos. En acuario, su símbolo de dos líneas representa a dos serpientes horizontales de la misma forma que Uróboros, la serpiente que muerde su propia cola, representa la imaginación en la búsqueda de la comunidad. Los peces se asocian a la comprensión y la búsqueda de la paz.

Algunos místicos consideran que Moisés vivía en la Era de Aries, con su conjunto de símbolos, uno de los cuales era el Carnero. Antes de esta fue la Era de Tauro, cuyo mayor símbolo era el propio animal, lo que explicaría el descenso de Moisés furioso con el pueblo que adoraba a un becerro. A Moisés se le representa con dos rayos ardiendo en su cabeza (¿carnero?). Este pasaje, según algunos místicos, marca arquetípicamente la transición de la Era de Tauro hacia la Era de Aries.

En la astrología China todos los signos son animales: la rata, el buey, el tigre, el conejo, el dragón, la serpiente, el caballo, la cabra, el mono, el gallo, el perro, y el jabalí. El signo se determina por el año de nacimiento. Se cuenta que en un cierto año nuevo chino Buda invitó a todos los animales de la creación para participar en una carrera. el vencedor tendría una recompensa. La rata ganó a todos porque llegó montada en la cabeza de un búfalo, llegando en primer lugar a los pies de Buda. En agradecimiento a todos los animales Buda ofreció a cada uno de ellos un año.

En la astrología védica encontramos a Mesha (capricornio), Vrishabha (tauro), Mithuna (géminis), Kataka (cáncer), Simha (leo), Kanya (virgo), Tula (libra), Vrischka (escorpio), Dhanus (sagitario), Makara (cabeza de venado y cuerpo de cocodrilo). Kumbha (acuario) y Meena (piscis). El calendario azteca tiene al buitre, águila, conejo, perro, cocodrilo, jaguar, venado, serpiente, mono y lagarto.

En las runas los símbolos animales aparecen como Feoh, ganado; Ur, Bisonte; Eolh, alce y Eoh, caballo.

En la Cábala encontramos los Caminos que conducen al Cielo (Árbol de la Vida). Cada camino se simboliza por un animal. El primer grupo de caminos es el llamado Camino de la Personalidad y sus símbolos animales son el cocodrilo, el delfín, el león, el gavilán, el pavo real, el oso y el lobo. En el Camino de la Individualidad o del Yo Superior, tenemos el caballo, el perro, el chivo, el burro, el escorpión y el lobo. En el Camino del Adepto, el elefante, rinoceronte, león, águila y escorpión. En los caminos del espíritu están el perro, el castor, el carnero, la lechuza, el cangrejo, la tortuga y el toro. En los caminos de la Divinidad encontramos el gorrión, el palomo, el cisne, la golondrina, el mono, el águila y el hombre. Estas son las 22 sendas que se corresponden con los arcanos mayores del tarot.

En las cartas clásicas del tarot podemos encontrar a la Emperatriz llevando un escudo con un águila, símbolo de su autoridad y también de su espiritualidad. El emperador posee también un escudo con un águila con las alas abiertas. En el carro los dos caballos tirando para direcciones diferentes representan la Unión del positivo y lo negativo. La rueda de la fortuna tiene un mono descendiendo por el lado izquierdo y una criatura subiendo por el derecho (hay corrientes que afirman ser Tifón o un grifo, un monstruo de la mitología griega), representando el movimiento perpetuo del universo en constante mudanza y el flujo de la vida humana; en la parte superior del arcano hay una esfinge posada en la cumbre de la rueda, con garras de león y portando una espada, que intenta mantenerse en equilibrio. La carta de la fuerza muestra una mujer agarrando por la boca a un león, sugiriendo la victoria de la suavidad sobre la fuerza y el control sobre las tentaciones. El pájaro en la carta de la Estrella es el Ibis Sagrado del pensamiento, evidenciando una nueva vida, una nueva promesa. En la carta de la luna los perros atraen la atención del hombre mientras que la langosta traicionera está pronta para engañarle. En el arcano de El Mundo, en las 4 esquinas de la carta se encuentran los 4 animales angélicos del apocalipsis, un hombre o ángel, un águila, un toro y un león, sugiriendo los 4 elementos: agua, aire, tierra y fuego, que se equilibran para crear la base de la vida sobre la Tierra y la formación de cada día. En el tarot egipcio el simbolismo es muy semejante, diferenciándose con una simbología más rica en los arcanos menores.

Cartas de Tarot

Por parte del Libro Sagrado de las Mutaciones, I Ching[6], según traducción de Richard Wilhelm[7], se hace referencia a los 8 trigramas y a sus animales simbólicos: Lo Creativo (Cielo) actúa en el caballo, que corre veloz e incansable; en Lo Receptivo (Tierra), la vaca con su mansedumbre. En Lo Suscitativo (Trueno), el dragón, que irrumpiendo de las profundidades asciende al cielo durante las tempestades. En La Suavidad (Viento), el gallo, guardián del tiempo, cuyo canto rompe el silencio y se propaga como el viento. En Lo Abismal (Agua), encontramos al cerdo, que vive en el barro y en el agua. En Lo Adherente (Fuego), El ave Fénix, con la claridad, el cual poseía originalmente la imagen de un pájaro de fuego. En La Quietud (Montaña), está el perro, el guardián fiel. En La Alegría (Lago), la oveja, considerado como el animal del oeste (no he encontrado más referencias), situada en la secuencia del cielo posterior.

Contiene también el siguiente comentario referente a la historia de la civilización:

"Cuando en la más remota antigüedad Fu Hsi gobernaba el mundo, este levantó sus ojos y contempló los fenómenos en el cielo y en la tierra y comprendió las leyes del Universo."

"En la tierra observó las señales de los pájaros y de los animales y su adaptación a las regiones. Él procedía direc-

---

6 N. del T. El autor es un gran estudioso de la práctica de este libro Oráculo en la versión de Richard Wilhelm. He podido comprobarlo personalmente dado que he tenido la fortuna de haber podido realizar alguna consulta personal de I Ching a través de Leo Artese.

7 N. del E. La traducción directa más reciente y exhaustiva del I Ching de las fuentes originales chinas al castellano, dentro del enfoque de la psicología profunda de Jung, es la de Rudolf Ritsema, Shantena Augusto Sabbadini y Cruz Mañas Peñalver: *El I Ching de Eranos*, Editorial Cántico, 2022.

tamente a partir de sí mismo e indirectamente a partir de
las cosas. Representó todo lo que observó y comprendió en
los 8 trigramas, para entrar en contacto con las virtudes de
los Dioses Luminosos y organizar las condiciones de todos
los seres."

Mi profesora de I Ching, María Olga Nogueira (la considero mi madre del I Ching), es una psicóloga junguiana que estudia el oráculo desde hace más de 30 años y que me ha enseñado la comprensión de los hexagramas para la toma de múltiples decisiones. Ella no acostumbra a utilizar simbología animal en la interpretación, dado que los hexagramas no se relacionan solamente con un animal. Interpretando los simbolismos adicionales se verifican nuevas descripciones de animales para cada trigrama, así como diferentes aspectos de un mismo animal para varios hexagramas. Ella utiliza la simbología animal cuando forma parte del texto del hexagrama.

El Ichinólogo Ion de Freitas prefiere hablar sobre los animales mencionados en cada línea. Los atributos de los animales (y el por qué) se aprecia mucho más nítidamente en las líneas que en los trigramas. Por ejemplo, el caso del dragón asociado al trueno, aunque en verdad es el trueno el que está siendo asociado al dragón. El dragón se asocia de hecho al cielo y al Yang (ver hexagrama 1, especialmente en los textos de las líneas) y solamente se relaciona con el trueno porque el trigrama trueno representa el Yang en movimiento ya que para los chinos el trueno, como el dragón, nace debajo de la tierra y sube en dirección a los cielos. Concluye Ion que presentar los animales de las líneas es mucho más fácil porque la razón y el sentido de las asociaciones es bastante más visible en los textos

Hexagrama 10 - La Conducta - Juicio

La conducta
Pisando sobre la cola del tigre
Este no muerde al hombre
Éxito

En la antigüedad el modo de consultar este oráculo era mediante caparazones de tortuga hasta que fue sustituido por las varitas de milenrama.

En los misterios de la Wicca, Dios es cornígero, el Dios del bosque, con cuernos de alce, representando la naturaleza indomable de todo lo que es libre. En las comunidades agrícolas era representado con cuernos de Carnero como el Dios Pan. En los antiguos tiempos era conocido como el Cabrón. También se asociaba con los cultos a Dionisio y como un Dios con cuernos de toro. El uso de cuernos de toro y la presencia de serpientes se asocian con Dionisio y su conexión con los ritos lunares. Los druidas también fueron asociados con el Dios cornígero celta Cernunnos.

La importancia del Dios con cuernos residía en su poder sobre el reino animal, así como con la vida silvestre. Era también conocido como el *Maestro de los animales.*

La gran madre diosa Wiccaniana, que es la más poderosa de las variedades de diosas (asociadas a las fases de la Luna) cuando la Luna está llena, tiene como uno de sus títulos la de "Señora de las Fieras".

Cernnunos

En muchos cuentos de brujería y de hadas, se describe el poder de la transformación en animales tales como el lobo o el cuervo. La verdad es que siempre existió una afinidad entre los animales y los practicantes de las artes mágicas. En la Edad Media, los brujos personificaban al lobo en el Sabbath y las brujas se adornaban con tiras de piel de lobo. En una parte de Europa se creía que el lobo era la montura de los hechiceros y que las hechiceras se transformaban en lobos. Algunas leyendas cuentan que la piel del lobo tiene poder de cura y protección contra las enfermedades. Se colocaban también en los barcos para protección contra el fuego. Posiblemente la leyenda del hombre lobo se originó en los cultos egipcios y griegos a los Dioses-lobo.

Los cazadores siberianos utilizaban patas y garras de oso como protección contra los malos espíritus, así como para la sanación. También se colocaban en la parte trasera de las puertas y en las cercanías de los lechos.

Las brujas utilizaban las telas de araña como mandalas para la meditación.

Dicen los Magos que cuando tenemos animales en casa creamos vínculos psíquicos con ellos. Sus movimientos pueden presagiar acontecimientos. Sus agudizados sentidos, por ejemplo, perciben la llegada de extraños.

En la magia se asocia a los gatos con los ritos sagrados, con la superstición. Era un animal sagrado en la India. En el antiguo Egipto se consideraba que el gato tenía poderes de oráculo. La diosa Bast se representaba con cuerpo de mujer y cabeza de gato. El gato negro desempeña un papel importante en la brujería. Según estas creencias era dotado con 9 vidas.

La gallina negra al igual que el perro negro era un animal ligado con la brujería. En las tradiciones de Candomblé se utilizan gallos negros en muchos rituales, así como el cordero y el cabrito. También el gallo ha sido tradicionalmente utilizado en ceremonias ocultistas. Era un ave consagrada a Escolapio.

De acuerdo con Eliphas Levy, el toro, el perro y el cordero son los 3 animales simbólicos de la magia hermética.

En Alaska se utilizan huesos de ballena para proteger los espacios sagrados.

Los tibetanos colocaban un cráneo de carnero en la puerta de sus casas para impedir la entrada de los malos espíritus, los cuales descargaban su ira sobre este, liberando así a los moradores. En Escocia el omóplato del carnero negro se afeitaba con fines adivinatorios y para rituales mágicos.

Se atribuyen también poderes mágicos a las herraduras del caballo, desde protección para las casas hasta encantamientos contra la impotencia. Las herraduras, dicen las creencias, traen buena suerte cuando están giradas hacia arriba y mala cuando están giradas hacia abajo. Su forma de Luna creciente las conecta con la protección de las diosas lunares, contra hechizos y brujerías, además de absorber el mal de ojo. En el chamanismo el tambor se considera como el caballo que nos conduce en los viajes extáticos. Para algunos pueblos los caballos poseen poderes de clarividencia, pues se detienen y se resisten al mando del caballero cuando sienten energías negativas.

Al elefante se le atribuye el poder de conceder deseos y traer paz y prosperidad, creencia que se conserva todavía hoy a través de amuletos de marfil. En Tailandia, para tener suerte en el parto, una mujer debe pasar 3 veces bajo un elefante.

En la India, el Dios Ganesha, cuando se le invoca, trae buena suerte, abre los caminos y ayuda a superar los obstáculos. Algunos mantras de Ganesha:

Om Ganadhipataye Namah[8]
Om Sri Ganeshaya Namah (para salir de dificultades)
Om Sri Gam (bija)

El Ganesha Mantra es un mantra de prosperidad, que ha de ser cantado diariamente por la mañana antes de hacer cualquier cosa. Elimina obstáculos de la vida común, así como de las profesiones:

---

8 N. del T. *Om Gam Ganapataye Namaha* es el saludo a Ganesha. Namah es simplemente una fórmula de saludo muy recurrente en diferentes Mantras o Cantos Sagrados del hinduismo. Este mantra se canta para pedir a la Deidad que nos ayude a superar los obstáculos.

Om Ganadhipataye Namah
Ganeshwaraya namah
Gana nayakaya namah
Vakratndaya namah
Mohodaraya namah
Gaja vakraya namah
Lambodaraya namah
Vikataya namah
Dhumra varnaya namah
Canakridaya namah

Samael Aun Weor, maestro gnóstico, en su curso básico de magia blanca, traduce el *Conjuro de los cuatro* que
se realiza parcialmente en latín:

"*Cabeza de muerto, que impere sobre ti el Señor a través
de la viva y de la devota serpiente. Que sobre ti impere el
Querubín, el señor a través de Adán y Eva. Que el Águila
errante impere sobre ti, el Señor a través de las alas del toro.
Que la serpiente impere sobre ti, el señor Tetragrámaton, a
través del Ángel y del León. Que fluyan los perfumes me-
diante el espíritu de los Elohim. Permanece en la tierra por
Adán y Eva. Que se haga el firmamento por Jehová Sabaoth.
Que se realice el Juicio mediante el fuego, por la virtud de
Mikael.*"

Samael indica que entre los símbolos de la Alta Ciencia
se encuentran el león y la serpiente. La *Ciencia del Fuego*
era y continúa siendo el Gran Arcano de los Magos. Antiguas ilustraciones nos muestran a hombres dominando a
leones y agarrando serpientes. El león representa el fuego
celeste, mientras que las serpientes representan las corrientes eléctricas y magnéticas de la Tierra (y del hombre).

SIMBOLOGÍA ANIMAL

"Presente en lo cotidiano, en los sueños, en las fantasías, en los mitos, en los cuentos, en el folklore y en el arte, el animal es una de las imágenes más poderosas para el ser humano, tanto en el mundo externo como en el interno."[9]

Se cree que hubo una época en que los seres humanos estaban rodeados de animales y reconocían su parentesco con ellos. Los animales poseen fuerzas espirituales al igual que los hombres.

La simbología animal está profundamente grabada en el inconsciente colectivo de la humanidad. Heredamos sentimientos y recuerdos inconscientes que condicionan nuestro comportamiento consciente.

En nuestros sueños aparecen muchos animales, los llamados animales oníricos. En algunas ocasiones los animales se encuentran en el hábitat de quien sueña y también, otras veces, ni siquiera son de este mundo. Generalmente las personas se asustan cuando sueñan con serpientes, pero estas representan también la cura, la medicina. El chamanismo clasifica los sueños en pequeños y grandes. Los *Grandes Sueños* son los que se producen repetidamente y también los que son tan vívidos que se confunden con la realidad. Son aquellos en los que soñamos como si estuviéramos despiertos. Los chamanes prestan mucha atención a los *Grandes Sueños* y los tratan como una comunicación con el animal de poder.

---

9 VVAA, *Os animais e a psique*, Summmus Editorial, Sao Paulo, 2005.

Stephen Larsen tiene una recopilación de más de 3000 sueños en los que aparecen animales, entre los cuales los hay de personas que se transforman en ellos.

Relata que en ocasiones algunas personas que sueñan con ser picadas por serpientes tienen extrañas alteraciones de la conciencia durante el sueño provocadas por el veneno. Es importante notar que el veneno de serpiente también se usa como medicina (Lachesis) y era sagrado para Escolapio, el Dios de la cura.

Cuando nos sentimos acosados, o en situaciones de peligro y reaccionamos instintivamente, nuestro instinto animal viene a tomar el control y nos dota de mayor fuerza física y agilidad.

Inconscientemente reconocemos la fuerza y el poder de los animales y utilizamos términos tales como:

¡Es astuto como un zorro!
¡Realmente es una serpiente en el fútbol!
¡Cuando se le lleva la contraria se transforma en un león!
¡Tiene memoria de elefante!
¡Es la oveja negra de la familia!
¡Ha llegado a la edad del lobo!

¿Por qué la frase *"el perro es el mejor amigo del hombre"*? ¿Cuántas historias conocemos de animales que auxilian a seres humanos en peligro? Hay delfines que salvan a marineros a punto de ahogarse, perros y caballos que llevan a las personas a lugares seguros. ¿Y la increíble paloma mensajera? Esto implica que nuestra mente individual forma parte de algo mayor.

En Brasil, en 1888, el barón de Drummond, para ayudar a mantener el zoológico de Río de Janeiro, creó el famoso "Juego del bicho" (Jogo do bicho)[10] que se extendió por todo el país. Se trata de 25 animales organizados en orden alfabético y en combinaciones de números en decenas, centenas o millares. A día de hoy está considerado como actividad criminal por las leyes brasileñas.

También pueden observarse símbolos animales en los escudos de equipos deportivos o como símbolo de naciones (águila americana, tigre asiático, etc.). Y no es raro verlos en los logotipos de empresas, clubs, marcas de automóviles y en publicidad (comerciales de televisión, cine y prensa).

En el escenario de las historias y de las fábulas, aparece Esopo en el 620 A.C. quien reunió cientos de cuentos de animales, repitiendo los patrones de comportamiento humano. Esopo fue conocido como el mayor contador de historias de la antigüedad, virtiendo siempre una moraleja con cada historia.

El francés Jean de la Fontaine, en el siglo XVII, se conoce como el mayor historiador del mundo occidental. Su ópera prima *Fábulas*, inspirada en el maestro de Esopo, mostraba la agresividad e ignorancia humanas a través de los animales. Los cuentos de hadas no existían solamente para los niños sino también para los adultos. En sus tiempos no fueron escritos para los niños. Varios historiadores como los hermanos Grimm, Montero, Lobato y otros se inspiraron en los animales. Algunos de estos cuentos son: el gato con botas, el patito feo, el ruiseñor, la sirenita, la bella y la bestia, el león y el ratón, mamá ganso, los 3

10 N. del T. Originalmente, para atraer público al zoológico, el Barón realizaba un sorteo entre los asistentes, dando un premio en metálico a quien tuviera en su entrada el *animal del día*.

cerditos, Mowgli – el niño lobo [11], Bambi, Dumbo, 101 dálmatas, el rey león, etc.

Por el hecho de que los animales nos han precedido y han sido testigos de nuestra evolución, son considerados nuestros parientes por muchas tradiciones nativas.

La alianza entre seres humanos y los clanes animales se extiende en el tiempo, desde la prehistoria, pero está siendo ignorada en los tiempos modernos. Nuestra relación con el reino animal puede ser poderosa y significativa también hoy, tal y como era en el pasado.

Tanto en el folclore americano como en la mitología griega, la armonía entre la humanidad y los animales se refleja en la dieta vegetariana del Primer Pueblo. Nuestros primeros antepasados evitaban la mortandad de animales para alimentarse. Sentían la naturaleza como parte de ellos. Soñaban y caminaban en realidades inseparables. Lo natural y lo sobrenatural se fundían.

Chamanes, sacerdotes y sacerdotisas mantenían el sagrado conocimiento de la vida. Eran capaces de andar por mundos invisibles. Sabían que los animales hablan cuando sabemos escuchar.

Lo que es arriba es abajo. Este principio enseña que todas las cosas están conectadas. No podemos separar lo físico de lo espiritual, lo visible de lo invisible. Este principio nos ofrece uno de los principales significados para resolver muchas paradojas y descubrir los secretos de la naturaleza. Por este motivo, el estudio de los tótems ani-

---

11 N. del T. Se refiere el autor a la novela de Rudyard Kipling *El libro de las tierras vírgenes* en el cual se inspira la película de dibujos animados *El libro de la selva*, que cuenta parte de las aventuras de Mowgli, el niño lobo.

males es esencial para entender cómo lo espiritual se manifiesta junto a la vida natural. El tótem es un objeto, ser o animal, a cuya energía nos asociamos durante la vida.

En el mundo moderno existen varias evidencias de interacción con la mente animal. Vean cómo millones de personas hablan con sus mascotas. En ese momento están entrando en la frecuencia vibratoria del animal. Los vegetarianos que no comen carne por sentirse unidos con la vida animal, los que luchan contra los experimentos con animales y los que están contra el uso de pieles, plumas y otros elementos son personas con sensibilidad que recuerdan vestigios de la época en que la humanidad realmente compartía su consciencia con el reino animal.

Los animales ayudaron, y continúan haciéndolo hoy día, a los hombres en el transporte, trabajos agrícolas, mantenimiento de la ecología, etc. (elefantes, camellos, cabras, caballos, búfalos, bueyes, palomas, perros, burros, etc.). Hoy día también encontramos animales virtuales en el mundo informático, donde los programadores lanzan productos en los que los protagonistas son los propios bichos.

Muchas personas consideran a los animales como irracionales, con menos consciencia e inteligencia, así como con una menor importancia en relación a nosotros. La sociedad los ve simplemente como a cobayas de laboratorio, objetos de exposición en zoológicos, piezas de comida, adornos o como mascotas mal educadas.

Podemos sobreponernos a un pasado de cientos de años de destrucción, cuando actuábamos sin la sabiduría colectiva y de nuestros ancestros. Si pensamos más como los pueblos chamánicos y no somos arrogantes en nuestra visión sobre los animales, podremos recibir dones de la medicina animal. Están abiertos profundos niveles de comunicación con los animales para quien tenga paciencia y la suficiente apertura de corazón.

Podemos utilizar la imagen animal como medio de aprendizaje sobre nosotros mismos y también sobre los mundos invisibles. Esos arquetipos tienen sus propias cualidades y características que se reflejan a través de comportamientos y actividades de los animales y otras expresiones naturaleza.

El animismo considera a toda la naturaleza como espiritualmente viva. El hombre tenía parientes y aliados en el mundo de las plantas, minerales y animales. Los nativos norteamericanos dicen: *"No solamente el hombre ha sido hecho a imagen de Dios; también lo fueron el jaguar, el búfalo, el oso, el águila, la serpiente, las mariposas, los árboles, los ríos y las montañas."*

Los animales están más cerca que nosotros de la fuente divina. Cada especie animal tiene un *Animal Maestro* que es también un poder espiritual con el cual nos tenemos que relacionar. Cada animal evidencia una característica o un estado del espíritu, un instinto, un efecto…

El pánico ante la presencia de ciertos animales parece algo residual en nuestra psique. Arquetípicamente esta emoción está ligada a Pan, el Dios arcaico de los animales, el cual podía infundir pánico tanto a los animales como a los hombres.

La biología evolucionista habla de nuestras afinidades con los primates y con otros animales, así como nuestra conexión con toda la vida en la Tierra. El biólogo Rupert Sheldrake sostiene que la consciencia humana ha debido desarrollarse con el conocimiento de los hábitos de conducta de los animales que cazaba, de las cualidades de las plantas que recolectaba, de los cambios estacionales en la naturaleza y del carácter de los animales domésticos. Nuestra asociación íntima con los animales domésticos se perpetúa hasta hoy. Quienes crían, domestican o cabalgan animales, tienen un profundo conocimiento de ellos y desarrollan una comunicación intuitiva, tal como sucede con los entrenadores de los animales que se presentan en espectáculos.

Hay evidencias, tanto desde una perspectiva histórica como científica, de que algo similar a una comunicación mental establece una conexión entre el hombre y el animal y que esta comunicación puede ser sorprendentemente profunda y no explicable mediante intercambios físicos conocidos, dando evidencia de una naturaleza no localizada.

Para muchas culturas antiguas sería inconcebible pensar que no compartamos la conciencia con otras formas de vida.

La capacidad para entendernos con los animales se encuentra presente en las tradiciones chamánicas de casi todas las culturas tribales. Una parte muy notable en sus rituales es la del *encuentro* con el animal, que se volverá el espíritu guardián del participante. Este espíritu le revelará conocimientos secretos que incluyen, sin extrañeza, el lenguaje de los animales. Entre los indios mesoamericanos, el espíritu guardián es conocido como *Nagual*.

El estrecho hilo de conexión íntima entre el ser humano y el nagual se expresa en la capacidad del chamán para transformarse en el citado animal familiar.

El antropólogo A. P. Elkin, en su estudio sobre los aborígenes, atestigua cómo los animales totémicos avisan a su contraparte humana de los peligros, llegando a auxiliarle en ocasiones.

Según Mircea Eliade[12], durante una iniciación chamánica el aprendiz de chamán debe conocer el lenguaje secreto de los espíritus animales. Con frecuencia este lenguaje secreto tiene su origen en la imitación de los gritos de los animales.

"Imitar la voz de los animales, utilizar su lenguaje secreto durante una sesión es una herramienta para que el chamán pueda circular libremente por las zonas cósmicas."

Incorporar a un animal durante una sesión es más que una posesión, es verdaderamente una transformación mágica de un chamán en ese animal. Otras modalidades utilizadas es el uso de máscaras.

Eliade prosigue:

"La amistad con los animales, el conocimiento de su lenguaje y la transformación en animal son otras tantas señales de que el chamán restableció una situación paradisíaca, perdida en los albores del tiempo."

Tanto danzas como artes marciales fueron inspiradas también en los animales. El kung-fu, por ejemplo, fue creado a partir de la observación de los movimientos de los animales, dando origen a varios estilos como garra de águila, leopardo, saltamontes, mantis religiosa, caballo,

---

12 N. del T. Filósofo y novelista rumano que dedicó gran parte de su vida al estudio de la historia de las religiones. Es autor de la teoría del *Eterno Retorno* (no se confunda con la teoría nietzscheana del mismo nombre), que afirma que, en los rituales, los creyentes participan mentalmente en las hierofanías, es decir, tienen una manifestación de lo *Sagrado* en una realidad profana.

tigre, y serpiente entre otros. La capoeira[13] tiene los golpes cola de raya, mariposa, mono, etc.

El Kempō, creado por un monje budista, incorpora los instintos animales, imitando sus movimientos.

Fue mediante la observación de la naturaleza, de las plantas y los animales, que los primeros yoguis fueron desarrollando las diferentes posturas (asanas), que imitan a varios animales: Vatayanasana (postura del caballo), Bakasana (postura del cisne), Mayurasana (postura del pavo real), Bhujangasana (postura de la cobra), Hanumanasana (postura del mono), Mandukasana (postura del sapo), Utrasana (postura del camello), Matsyasana (postura del pez), Kurasana (postura de la tortuga), Gomukhasaba (postura de la vaca), Makarasana (postura del cocodrilo), Salabhasana (postura del saltamontes), Vrsasana (postura del toro), Vrscikasana (postura del escorpión), etc.

En cuanto a los gestos magnéticos llamados Mudras, encontramos el Garuda Mudra (mudra del águila), Hamsásya Mudra (mudra del conejo), Bherunda Mudra (mudra de los pájaros), Tamrachuda Mudra (mudra del gallo), Sarpashisa Mudra (mudra de la serpiente), Karkata Mudra (mudra del cangrejo), Simhamukha Mudra (gesto del rostro del león), etc.

El animal sobrenatural sirve como ventana para la dimensión transpersonal. Sus ojos, cuando se mira a través de ellos, se abren hacia el abismo, el reino Nagual, la causa secreta.

---

13 N. del T. Arte marcial afrobrasileña de gran difusión en Brasil. Fue creada por los descendientes africanos en tiempos de esclavitud.

Postura del perro

Postura del saltamontes

Si los ojos comunes son las ventanas del alma, los ojos del animal onírico pueden abrirse más profundamente, hacia el reino del espíritu.

Las cobras[14] están entre los primeros y más poderosos animales simbólicos. Viven en lugares escondidos, tanto en la tierra como en el agua. Son venenosas y sus tóxicos se utilizan potencialmente como medicina. Pero lo que es más importante es su capacidad para mudar la piel, lo cual se convirtió en un símbolo primario de la transformación.

El lado siniestro de la cobra se ha resaltado tanto que sus cualidades benéficas se han olvidado. Estos animales eran sagrados para Asclepio (o Escolapio), el Dios de la cura y todavía aparecen en su símbolo: el caduceo, enros-

---

14 N. del T. En Brasil se denomina "cobra" a toda serpiente venenosa. Debe pues considerarse así en el texto y no referida a la cobra asiática.

cadas en un bastón y coronadas con alas (es el símbolo de la medicina).

Los dos canales sutiles del prana, Ida y Pingala, se asemejan a serpientes caduceas enrolladas en el canal central de la columna, o Sushuma. El simbolismo de esto indica una fuerte conexión entre la serpiente y la fuerza vital de la propia vida. La tarea del yogui es despertar la serpiente kundalini adormecida, que se encuentra enroscada en el coxis, en la base de la columna, y elevarla a través del canal central mediante las prácticas tántricas. Si tiene pureza, cuando la serpiente llega a la cabeza, sentirá el Samadhi (o Consciencia Cósmica). También los chakras tienen asociado un animal, simbolizando el vehículo de Bija.[15]

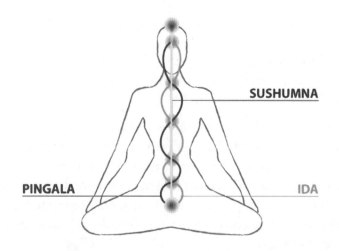

Al igual que las serpientes, los caballos también simbolizan algunos aspectos de la energía psíquica. El caballo posibilita al hombre entrar en contacto con su lado ins-

---

15 N. del T. Los bija Mantras son cantos sagrados del hinduismo utilizados para la conexión sagrada. Hay un Bija Mantra para cada uno de los siete chakras principales.

tintivo y tener así mayor dominio sobre el mismo punto. Los venados pueden ser mansos o salvajes. Tienen la connotación o significado de la energía que nos transporta.

Campbell escribió sobre el papel del ojo animal y su simbolismo en las cavernas paleolíticas. Está asociado con el Sol, con el ojo solar, así como también con el león y el águila. Es la puerta del sol como la puerta del chamán, la travesía a través del mundo de la materia para alcanzar el espíritu. Jung, en varios de sus escritos también exploró ese aspecto del simbolismo animal y espiritual.

En las Américas central y del sur, un chamán se puede transformar en jaguar y viceversa. Hay indios que se pintan el cuerpo imitando a un jaguar ganando así la fuerza y las habilidades del animal. Los tótems animales simbolizan energías específicas que nos alinean con la vida. Cuando observamos y estudiamos un tótem estamos honrando su esencia. Podemos invocar esa esencia para comprender mejor nuestra vida y sus circunstancias con más claridad. Podemos compartir su poder y su medicina.

Los animales terrestres siempre han tenido una fuerte simbología asociada a ellos. Han representado el lado emocional de la vida reflejando cualidades que han de ser superadas, controladas o reexpresadas. También son símbolos de poderes asociados a reinos invisibles, que podemos aprender a manifestar en lo visible. Los pájaros son frecuentemente considerados como símbolo del alma. Su habilidad de volar refleja la capacidad dentro de nosotros, de sobrevolar hacia nuevas cualidades, servir de puente entre el cielo y la tierra. Entre los tótems-pájaro, cada uno tiene sus propias características, pero todos pueden ser usados para estimular grandes vuelos de esperanza, inspiración e ideas. También los animales acuáticos pueden ser tótems. El agua es el símbolo ancestral del plano astral y el elemento creativo de la vida. Diferentes peces y otras especies de vida acuática sirven como orientación en diferentes expresiones de intuición, imaginación creativa y el fluir de nuestras emociones. Estos seres pueden reflejar el lado femenino o nuestra esencia. Los insectos son también parte de la naturaleza y eran animales míticos de fertilidad en Egipto. La Mujer Araña es la creadora del Universo.

Llega el momento de revisar nuestro vínculo ancestral con los animales. Desde la antigüedad el hombre ha impuesto sacrifico a los animales. El carnero ha sido el símbolo universal de tales sacrificios. En Babilonia se sacrificaban carneros en las celebraciones de año nuevo, para atenuar los pecados del reino. En Grecia, Roma, los territorios islámicos, África y Egipto se ofrecían estos sacrificios a los Dioses con diversos fines.

Quiero citar un fragmento del libro *Los animales y la Psique*:

"Entre los hebreos, el sacrificio del carnero fue una anticipación de la inmolación de Cristo. El cristianismo absorbió el simbolismo pagano del sacrificio animal y el carnero pasó a representar el símbolo del Hijo inmolado que, según los textos bíblicos, pagó con su vida por el pecado de los hombres y los salvó para la vida eterna."

El Carnero fue escogido por la Iglesia como imagen y representación de Cristo. Tiene aspectos de pureza, de mansedumbre y de víctima propiciatoria para el sacrificio.

Muerto en la Cruz para la salvación de los hombres, Jesús derramó su sangre, así como la sangre del cordero libertó al pueblo judío de Egipto. Para el cristianismo el cordero está unido a Jesús, el cordero de Dios, que se inmoló por la humanidad.

"Es el cordero de Dios, que quita el pecado del mundo." (Juan 1: 29)

También encontramos en la Biblia al cordero del Apocalipsis, con 7 cuernos y 7 ojos, con poder para abrir el lacre de los 7 sellos y vengar la muerte de los Santos y de los seguidores de Jesús.

Los animales deben ser tratados con respeto, deben ser honrados y bien estudiados porque son manifestaciones de los poderes arquetípicos que se encuentran tras las transformaciones del alma humana. Nos hablan de nuestras compulsiones o instintos, tal como el comportamiento los cachorros y de las aves acompañando a la figura materna. El animal se vuelve el símbolo de una fuerza específica, de una energía espiritual invisible manifestándose en nuestra vida.

¡Que nuestro camino sea guiado y protegido nuevamente por la sabiduría ancestral de la Tierra!

LOS ANIMALES Y LOS NIÑOS

Algunos investigadores del comportamiento infantil afirman que los niños sueñan más a menudo con animales que con la propia familia y amigos. Y no solamente los domésticos, sino también animales salvajes, criaturas que han conocido por primera vez en el zoológico, o en libros, la televisión o el cine. Es como si en nuestros primeros años de vida todavía no recibiéramos las programaciones del futuro y del presente y tuviéramos una sintonía con los animales salvajes.

Es curioso que el desarrollo de los jardines zoológicos coincide con una revisión gradual de los animales presentes en la vida cotidiana, que se inició a comienzos del siglo XX. También la popularidad de las mascotas o animales domésticos es un fenómeno reciente.

La fase más creativa de nuestras vidas es la que va desde el nacimiento hasta la pubertad. Los padres que tienen conciencia espiritual comprenden que es una fase preciosa y dejan que sus hijos sueñen, tengan fantasías, hagan juegos imaginarios, así como que tengan contactos con hadas y duendes, amigos imaginarios y mundos paralelos.

En las comunidades nativas los niños y los adultos compartían más de las actividades de ambos. El ambiente es el mismo. Los niños encuentran seres en la madera, escuchan animales y otras entidades hablándoles y sueñan como héroes. En las aldeas algunos adultos llegan a soñar y a tener las mismas visiones que los niños.

Don Juan[16] decía que tenemos que ver el mundo con ojos de niño. En las prácticas chamánicas nos conectamos con las experiencias visionarias que teníamos cuando éramos infantes. Estas fueron nuestras experiencias místicas iniciales y naturales, que permanecen en nuestra memoria consciente o inconscientemente.

Los chamanes creen que hay espíritus guardianes que nos protegen durante la infancia. Muchos niños aprenden sobre Ángeles de la Guarda y se relacionan con ellos a través de rezos y oraciones. Además de esto algunos niños adquieren el auxilio espiritual de elementales de la naturaleza, compañeros animales, amigos invisibles, etc., que les confortan en los momentos de tristeza y les enseñan a lidiar con las decepciones. Son aquellos que escuchan las quejas sin interrumpir, cuando no es posible quejarse a los adultos.

Esto se puede llamar bien "fantasías de infancia" o bien ayuda espiritual. También podríamos llamarlo espíritus que se nos aparecen en ese reino imaginario. Estos pueden continuar con ese contacto sui somos capaces de reconectarnos y renovar esa relación

Mi relación con los animales comenzó en la infancia. Los juguetes que más me gustaban eran mis bichos de goma. Tenía un verdadero zoológico y me gustaba separar a los animales por hábitat, hablaba con ellos e inventaba historias.

Fue en uno de esos sueños de niño, a los once años, que viví una experiencia que me marcó. Me marcó tanto

---

16 N. del T. Se refiere el autor a don Juan Matus, maestro o guía espiritual de Carlos Castaneda, cuyos relatos se narran en una serie de libros, de los cuales el primero y más conocido es "Las enseñanzas de Don Juan". Para muchos este libro es algo así como *La Biblia del chamanismo*.

que nunca la olvidé. Fue un sueño en el cual aparecía al pie de mi cama una enorme paloma que permaneció allí cuando abrí los ojos y fue desapareciendo gradualmente, lo que me provocó un berrinche que despertó a todos en la casa. A veces no conseguimos acordarnos de un sueño a la mañana siguiente así que, para recordar un sueño durante una vida entera, el lector puede imaginar cómo de fuerte y real fue aquel.

Los niños tienen una afinidad natural con los animales. Adoran escuchar historias de animales y ponen pósters o cuadros de estos en las paredes, juegan y duermen con animales de peluche y los colocan en los edredones y cabecero de las camas, leen cómics y ven dibujos animados y películas sobre animales.

Fue muy gratificante la experiencia que tuve cuando realicé un trabajo para la Secretaría de Educación de Curitiba, con niños de primero y segundo grado, en una franja entre siete y once años de edad. En la primera parte del trabajo la clase se enfocó en diversas manifestaciones de la naturaleza, como la lluvia, el viento, la alternancia de las estaciones, las plantas, los animales, las piedras, el Sol, la Luna, las Estrellas[17], etc. En la segunda parte se trató el escenario actual de los problemas que tenemos en relación con el medio ambiente y lo que ellos podrían hacer para contribuir con su mejoría en cuanto a la basura, contaminación, etc. La tercera parte del trabajo trataba sobre los indígenas y su conexión con la naturaleza.

Al terminar la clase realizaba con los niños (aproximadamente 400 divididos en varios turnos), la vivencia del

---

17 N. del T. El autor hace aquí un guiño a la línea espiritual del Santo Daime en el que unos de sus cantos sagrados principales se llama "Sol, Lúa, Estrela". Es por esto que son escritos en letra mayúscula.

Animal Guardián[18]. Les fui contando que cuando yo era niño tenía un amigo invisible, un amigo que se me aparecía en sueños y me enseñaba cosas, hablaba conmigo cuando estaba nervioso y me confortaba cuando tenía miedo. Les conté que cuando no tenía fuerza de voluntad para ir al colegio o estudiar, mi amigo me daba energía y me incitaba para hacerlo porque era bueno para mí. Cuando dije esto varios de los niños me dijeron que también tenían un amigo así.

Es muy habitual que los niños jueguen con un amigo invisible, pero generalmente los adultos creemos que es pura creación de la mente, dado que somos escépticos en exceso y no podemos comprender que existen otros mundos más allá de los límites de la comprensión humana.

Para los niños es natural el trabajar con el mundo del espíritu y los guías animales, incluso estando bloqueados por los preconceptos adultos. El hecho de tener un amigo invisible tiene sentido para los niños, que acostumbran a tener amigos de este tipo. Aprenden rápidamente a trabajar con los guías. Y sueñan con animales.

Yo les indicaba que cerraran los ojos y les enseñaba una respiración rítmica, según el toque del tambor. Así comenzábamos el viaje. Mientras iba conduciendo la meditación podía observar la expresión de alegría en sus pequeños rostros. Al terminar el ejercicio les pedía que dibujaran lo que habían visto y que escribiesen lo que habían sentido.

---

18 N. del T. Este ejercicio consiste en una meditación guiada en la que los participantes encuentran mediante visualización, intuición u otros modos de percepción, a su Animal Guardian o de Poder, cuyo espíritu y cualidades nos acompañan en nuestro día a día.

El resultado fue maravilloso. Los niños dibujaron los más variados animales: águilas, leones, camellos, ballenas, delfines, monos, serpientes, perros, gatos, tigres, panteras, pájaros, caballos alados, unicornios, etc. También escribieron algunas manifestaciones muy profundas tales como:

"Cuando vi mi animal sentí que Dios estaba dentro de mí."

"Mi animal me dijo que ahora me va a ayudar en la escuela."

"Me sentí tan feliz de ver mi animal que hasta lloré."

"Ahora sé que no estoy solo. Mi animal me va a ayudar."

Karoline Aparecida Moura, 9 años.
"La naturaleza es linda, Unicornio".

Kariny Aminny Dias, Escuela Irati (Curitiba/), 10 años

Bruno. 9 años "Perro" / "El perro y el dragón"

Eduardo Nicolás de Souza, 9 años.
"Cuando vi esa águila sentí una emoción muy grande".

ESPIRITUALIDAD INDÍGENA: MITOS Y FOLKLORE

Las historias nativas brasileñas están llenas de simbología animal; cuentos de pumas, tortugas, tapires, monos, gavilanes, así como de transformaciones de personas en animales y viceversa. Los Bororos cuentan una historia del día en que las mujeres vencieron a los hombres en la pesca y los transformaron en cerdos; asimismo los Tembés narran la historia de la fiesta de los animales en la que celebran que han dejado de ser hombres.

Las tradiciones tribales dan diferentes orígenes al dueño del fuego. El Urubú Real (Tembés), la Pantera (Kayapó) o el Mono (Bororo). Todas estas historias transmiten virtudes y enseñanzas. El papagayo enseña a los niños a no comer de forma exagerada. Los indios del Amazonas se ríen con aventuras de panteras, venados, zorros, tortugas, sapos, osos hormigueros, etc.

Describo a continuación una de estas historias extraídas de la *Antología del folclore brasileño*, de los indios Tembé:

LA FIESTA DE LOS ANIMALES

"En cierta ocasión los animales promovieron una fiesta que duró muchos días. Todas las especies fueron escogidas: venados, antílopes, tapires, panteras y aves de toda clase. El claro en la selva estaba lleno y los invitados seguían llegando.

El Gavilán Real (arpía o uiruuete), todavía lejos, tocaba su corneta: ¡bu bu bu!

Escuchándolo los animales se alegraron y decían

—*¡El gran Gavilán también viene a bailar con nosotros!*

Pero el gran Gavilán todavía se estaba preparando y adornándose para la celebración. Los monos tampoco habían llegado todavía.

Entre una y otra danza, los animales invitaron a cantar al cachorro de la pantera. El viejo jaguar trató de enseñarle cómo hacerlo. Entonces el hijo de la pantera cantó y lo hizo muy bien.

El viejo jaguar también debería cantar, pero su mujer, precavida, le pidió que no cantara cosas inconvenientes. Sin embargo, este no obedeció y cantó:

—*¡La piel del tapir está llena de larvas!*

Los tapires se sintieron ofendidos. Pero a pesar de eso el viejo jaguar continuó:

—*¡La piel del venado está llena de larvas!*

Por lo que los venados también se sintieron disgustados. Entonces la mujer del jaguar, avergonzada, habló en voz baja con el marido:

—*Podrías haber cantado algo más bonito. ¿Por qué ofendes a los invitados?*

Cuando la fiesta llegaba a su fin, Arapúa Tunapa, el Dios de los venados, fue a cantar entre las mujeres. Nadie podía quedar contrariado por su canto pues todos los que lo escuchan debían morir. De pronto este dio un bufido y desapareció pasando al lado de todos los invitados como un relámpago y éstos vivieron para siempre como animales.

Al final de la fiesta llegaron los monos, tarde como siempre, y no encontraron nada. Se sintieron muy disgustados y fueron a los plantíos a robar maíz y coger frutas de los árboles, donde permanecieron.

74

Todo esto sucedió por culpa del jaguar. Si no se hubiese comportado mal los animales todavía vivirían como hombres y podrían cantar."

Los Mehinakú, del Alto Xingú[19], clasifican a los seres del mundo en varias categorías y, en diferentes versiones del mito de la creación, dan al hombre origen vegetal y animal. Estos dicen que el Pajé[20] se puede transformar en animal. Algunos de los animales sobrenaturales se representan en forma bicéfala con dos cabezas en un solo cuerpo como la Ulaikimpia, ave relacionada con la muerte y el apoyo del cielo.

Los Kamayura hablan de seres que viven en la selva y en el aire, los cuales tienen apariencia de insectos, aves, animales y peces.

En la mitología de los indios brasileños el mucura o colibrí está presente constantemente. Se describe con un pajarito de aroma dulce. Según los Tukano, el múcura hace un viaje hasta el cielo ascendiendo por una serpiente de cascabel. Robó del Sol el fuego celeste y el yagé (ayahuasca). Después de esto descendió del cielo y con una lluvia tormentosa creó una catarata. El colibrí viajó por el agua hasta una isla mágica. Al llegar allí robó el fuego terrestre (las brasas de una hoguera) y el tabaco, enseñando a los pueblos a componer el charuto ceremonial[21].

---

19 N. del T. El Xingú es uno de los mayores afluentes del Amazonas, que discurre entre los estados de Mato Grosso y Pará.

20 N. del T. Pajé es otra denominación para los chamanes o líderes espirituales de las sociedades tribales del Amazonas.

21 N. del T. En las tradiciones nativas de América, especialmente del Norte, el tabaco es considerado como la más sagrada de las plantas pues actúa como mensajero entre el hombre y el Gran Espíritu. Esto se realiza en ceremonias en las que se fuma Tabaco Sagrado, liando grandes ci-

En el texto que sigue se habla de la creación de la Primera Tierra y ha sido extraído del libro *La Palabra Sagrada - Mitos y Cantos Sagrados de los Guaraníes*, de P. Clastres:

"La primera en mancillar el lecho de la tierra fue la serpiente original. Ahora solo existe su imagen sobre nuestra tierra. La verdadera serpiente habita en el límite del firmamento de nuestro planeta."

"Quien inicialmente cantó sobre el lecho de la tierra de nuestro Primer Padre, aquel que fue el primero en hacer escuchar su lamento, fue Yripa, la cigarra, la pequeña cigarra roja. En el límite del firmamento de nuestro padre vive la cigarra original: ahora solamente permanece su imagen sobre el lecho de la tierra."

"Yamai, el renacuajo, es el señor de las aguas, aquel que hace las aguas. Estos que existen sobre nuestra tierra no son los verdaderos. En el límite del firmamento de nuestro Padre habita el verdadero. Ahora solamente subsiste su imagen sobre nuestra tierra."

"Cuando nuestro Padre hizo la tierra, por todas partes se extendía la selva. No existían sabanas en forma alguna. Y para abrir espacio para las sabanas envió a Tuku, de grito agudo, el saltamontes verde."

"Y en todos los lugares donde este clavaba su aguijón se desmataban los espacios de selva y así se extendieron las sabanas. Y Tuku lo celebraba con su grito agudo. En el límite del firmamento de nuestro Padre vive el verdadero Tuku. Ahora solamente subsiste su imagen."

---

garros envueltos con hojas de maíz. A estos cigarros se les conoce como charuto ceremonial. En estas tradiciones se utiliza habitualmente para elevar rezos al Gran Espíritu y para resolver asuntos de la comunidad a través de un turno de palabra en el que la persona que tiene el charuto es quien tiene derecho a hablar mientras el resto escucha. Tenemos también referencias a este uso sagrado del Tabaco en las tradiciones Lakota de Norteamérica, ampliamente difundido y conocido a través del cine con la denominación de *Pipa de la Paz*.

"Cuando las sabanas se dejaron ver, el primero en dejar escuchar su canto, el primero en mostrar su contento fue Inambu, la perdiz roja. Ella fue la primera en cantar sobre las sabanas y vive ahora en los límites del firmamento de Nuestro Padre. La que vive sobre el lecho de la tierra es solamente su imagen."

"El primero en ir contra el lecho de la tierra de Nuestro Padre fue el armadillo. El que mora sobre la tierra no es el verdadero, es solamente su imagen".

"La Señora de las sombras es la lechuza, mientras Nuestro Padre, el Sol, es el Señor de la Aurora".

Los Yanomami hablan de Shimiwe, el espíritu del mono araña; Kaomawe, espíritu de las tarántulas; Waroo, espíritu de las serpientes; espíritus de pájaro carpintero, caimán, tapir, pantera, urubú[22], que se manifiestan en los rituales con virola (planta de poder inhalada a través de un tubo). Cuentan que fue una zarigüeya, animal ligado a la magia negra, el primero en utilizar el veneno que colocan en las cerbatanas.

Hay también un mito amazónico referente al delfín rosado (boto), que visita la casa de las mujeres, aprovechando la ausencia de los hombres, transformado en un joven vestido de blanco y con un irresistible poder de seducción, el cual encanta a las mujeres. A los hijos de padre desconocido se les conoce como hijos de boto. Este también ataca para vengar el *robo* de una enamorada.

Delfín rosado

---

22 N. del T. El urubú en una rapaz de la familia del buitre, muy común en el norte de Brasil. Es habitual verlos comiendo de los depósitos urbanos de basura.

Existe un amuleto llamado *muiraquita*, representando una rana, símbolo de fertilidad.

Uirapurú es un dios que se transformó en pájaro y se considera protector en los negocios y el amor. Cuando canta todos los demás pájaros guardan silencio para escucharlo.

Boiuna es una víbora gigante que vive en el fondo de ríos y arroyos. Su cuerpo es brillante, capaz de reflejar los rayos lunares. De sus ojos emana una poderosa luz que atrae a los pescadores para comérselos.

Anhangá puede asumir la forma de varios animales. Es un espíritu que vagabundea por la selva. La forma en que prefiere aparecer es la de venado con ojos de fuego. Es un protector de la vida en la selva.

Los indios Caingangues, que habitan en los márgenes del río Iguazú, creían que el mundo está gobernado por Mboi, un dios con forma de serpiente que era hijo de Tupá, el Dios supremo.

La mula sin cabeza tiene una antorcha luminosa en la punta de la cola. Mata a coces a quien se encuentra. Cuando se encuentra fuera del encantamiento, se convierte en una bella mujer.

El Boitata es un buey que suelta fuego por la boca, prendiendo fuego a los campos. Es el espíritu de las malas personas, que vaga por el mundo.

Hace tiempo que se viene oyendo hablar del chupacabras, animal que succiona la

Buey Bumbá

sangre de bueyes y ovejas y que forma parte del folklore brasileño.

Eliade relata que los Iakotas afirman que cada chamán tiene un ave rapaz madre, que se asemeja a un gran pájaro con pico de hierro, garras retorcidas y gran cola. Esta ave mítica solo aparece dos veces, en el nacimiento espiritual del chamán y en su muerte y forman parte de su iniciación, donde el chamán recibe la visión de su cuerpo y entrañas siendo despedazadas y los huesos extraídos, llegando después la resurrección y la plenitud mística.

En algunos mitos siberianos se afirma que el primer chamán tenía poderes extraordinarios y su cuerpo estaba conformado por una masa de serpientes. Dicen también que un águila fue quien creó al primer chamán. A veces se representa al Ser Supremo con forma de Águila.

Concepciones matriarcales en el chamanismo apuntan a la "Gran Madre de los animales", que en cierto momento ocupó la función de "Ser Supremo".

El animal protector de los Buriatas se llama Khubilgan, que significa metamorfosis. Es quien permite al chamán transformarse en animal.

En las iniciaciones de los esquimales, el espíritu –que aparece en forma de oso blanco– devora al aspirante.

La mitología indígena norteamericana es muy rica en cuanto a simbolismo animal. De acuerdo con las tribus del sudeste, la enfermedad se produce por una sustancia maligna que, en la mayoría de los casos, se introduce en los cuerpos de los enfermos mediante el espíritu de algún animal ofendido. Los nativos norteamericanos creen que los animales fueron los primeros en caminar sobre la tierra y que cada uno de ellos tiene su medicina específica para ayudar al hombre. Una de las formas que los nativos tienen para invocar al espíritu del animal es adornarse con plumas y pieles, pintando su rostro para recordar al animal y moviéndose como ellos. Los nativos, imitando a los animales en sus danzas rituales, establecen vínculos con el reino del espíritu. La creencia en reinos espirituales de la vida y sus más variadas manifestaciones es universal. Muchas sociedades creen que los guías espirituales utilizan animales o sus representaciones para comunicar sus propósitos y reglas a los seres humanos.

Un mito iraquí sobre el origen de las enfermedades y las medicinas cuenta que antiguamente los animales hablaban y vivían en armonía con los hombres, pero que estos se reproducían tan rápidamente que los animales se vieron forzados a retirarse a los bosques, selvas y lugares desérticos, olvidándose así paulatinamente la amistad entre hombres y bestias.

Cuando los hombres idearon las armas y comenzaron a cazar animales para alimento y pieles, la distancia entre las especies aumentó todavía más. Los animales pensaron entonces que debían reaccionar y declarar la guerra a los hombres. Se reunieron en diferentes clanes, por especies: mamíferos, aves, reptiles, peces e insectos. Cada uno de estos clanes decidió que causaría algún tipo de enfermedad a los seres humanos, pero decidieron ayudarlos también dándoles las plantas que curarían cada una de esas enfermedades. Y así nació la medicina.

Las plumas de la Pipa Sagrada[23] son las del Águila Dorada y simbolizan el Sol espiritual.

A continuación, sigue un resumen de la historia que Alce Negro cuenta sobre la llegada de la Chanupa Sagrada (Pipa Sagrada), a la nación indígena Lakota.

"Dos guerreros lakota deambulaban por una colina cuando se encontraron con una mujer muy hermosa, vestida con pieles blancas, que portaba una bolsa en los hombros.

Uno de ellos tuvo pensamientos para con la mujer y se lo comentó a su compañero, quien le avisó que posiblemente estuvieran ante una mujer sagrada.

El que tenía intenciones impuras se acercó a la mujer y, en ese mismo instante, una gran nube envolvió a ambos. Cuando la nube se disipó, la mujer continuaba en pie mientras que del hombre solo quedaba el esqueleto rodeado de serpientes.

La mujer habló con el otro hombre:

—Solo consideramos aquello que vemos. Quien únicamente aprecia la belleza física, jamás conocerá la Belleza Divina. Ve a buscar a vuestro jefe "Cuerno Hueco en Pie"

---

23 N. del T. La Pipa Sagrada o pipa ceremonial es utilizada en diversas tradiciones norteamericanas para el uso ritual del Tabaco. En la tradición Lakota, que es posiblemente la más importante y referencia en ello, la Pipa Sagrada es entregada al iniciado por su Maestro o Jefe espiritual, cuando aquel ha completado el ciclo de iniciaciones previas. Solo entonces tendrá derecho a "levantar" la pipa. Actualmente esta tradición se ha visto ampliamente extendida por todo el mundo gracias a la Iglesia Nativa de Norteamérica y el denominado "Camino Rojo", que recogen sus ritos y ceremonias.

y dile que prepare una tienda grande para acoger a todo el pueblo y que aguarden mi llegada. Quiero decirles algo muy importante.

El guerrero contó aquello al jefe de la tribu quién mando confeccionar un enorme tipi[24].

Cuando el gran tipi estuvo terminado, el jefe reunió a su pueblo en su interior. Y entonces la misteriosa mujer se presentó. Se acercó al jefe descolgando la bosa de su hombro y la entregó a aquel diciendo:

—Cuida esta bolsa y ámala por siempre, pues es muy sagrada y debes tratarla como tal. En su interior hay una Chanupa Sagrada para que tu pueblo pueda enviar su voz a Wakan Tanka, el Gran Espíritu, tu Padre y Abuelo.

Ella se presentó como mujer Novillo de Búfalo Blanco y les explicó el procedimiento ritual para el uso de la Pipa Sagrada y los 7 rituales en los que esta debe ser utilizada. Al final cuando iba a marcharse, Psan Win[25] dijo:

—Con esta Chanupa, los seres de dos piernas aumentarán en número y a ellos llegará todo lo bueno.

Dando una vuelta alrededor del grupo, en el sentido del movimiento del Sol, la mujer se marchó. Tras caminar una pequeña distancia se giró, miró al pueblo y se sentó. Cuando volvió a levantarse todos se asombraron pues se había transformado en un novillo de búfalo rojo y castaño. El novillo dio unos pasos, se tumbó y rodó por el suelo y, cuando se puso en pie, se había transformado en un enorme búfalo negro que se alejó y desapareció en lo alto de una colina.

---

24 N. del T. Nombre dado a las tradicionales tiendas lakota.

25 N. del T. Psan Win es el nombre original en lengua lakota de la Mujer Cría de Bisonte Blanco.

Según Campbell, la mujer Wakan (sagrada), es el aspecto femenino del búfalo cósmico. Este es el símbolo del Universo es su aspecto temporal, lunar, muriendo y resucitando siempre. Sus 28 costillas representan los días del ciclo lunar. Un símbolo de renovación. Ella misma era un novillo rojo, del color de la tierra, igual al color de la cazoleta de la Chanupa, pero también la madre, el búfalo blanco y el abuelo, el de piel negra.

Cachimbo sagrado

Materiales para la limpieza y purificación

Los nativos norteamericanos consideran la vida como un movimiento circular, construyendo ceremonialmente una Rueda Medicinal constituida por 36 piedras, que es una representación simbólica del Universo y de la conciencia. Con excepción de la piedra número 1 que representa al Creador (puedes conocer más detalles de esta rueda en el libro *El Vuelo del Águila*, del mismo autor) en la rueda se representa a todos los animales. Cada posición posee un tótem animal, un vegetal un color, etc. La citada primera piedra que ocupa la primera posición, el Creador, era representada por un cráneo de búfalo como asiento de la mente y la consciencia. Las siguientes posiciones son las energías que estaban en la Tierra antes que el hombre:

PIEDRAS

02 Madre Tierra, la gran tortuga

03 Padre Sol, el lagarto

04 Abuela Luna, el pato salvaje

05 Clan de la Tierra, la tortuga

06 Clan del Agua, el sapo

07 Clan del Fuego, el pájaro trueno

08 Clan del Aire, la mariposa

LOS PUNTOS CARDINALES

09 Dirección norte, el búfalo blanco

10 Dirección este, el águila dorada

11 Dirección sur, el Coyote

12 Dirección oeste, el oso gris

LAS 12 LUNAS

13 Luna de La Renovación de La Tierra, El Ganso de las Nieves

14 Luna de La Calma y La Purificación, La Alondra

15 Luna de Los Grandes Vientos, El Puma

16 Luna del Florecimiento de Los Árboles, El Halcón

17 Luna del Retorno de Los Sapos, El Castor

18 Luna para Plantar Maíz, El Ciervo

19 Luna del Sol Fuerte, El Pájaro Carpintero

20 Luna de Los Frutos Maduros, El Esturión

21 Luna de La Cosecha, El Oso Marrón

22 Luna del Vuelo de Los Patos, El Cuervo

23 Luna Helada, La Víbora

24 Luna de Las Grandes Nieves, El Alce

LOS 12 CAMINOS ESPIRITUALES

25 Limpieza, el guachin

26 Renovación, la miñoca

27 Pureza, el delfín

28 Iluminación, la luciérnaga

29 Claridad, el colibrí

30 Sabiduría, la lechuza

31 Amor, el lobo

32 Confianza/fe, el salmón

33 Crecimiento, el conejo

34 Introspección, la rata

35 Experiencia, la ballena

36 Fuerza, la hormiga

En cada estación de la rueda medicinal los tótems nos enseñan y nos inspiran para recorrer esta rueda de la vida a través de sus talentos, de su medicina.

Entre las tradiciones nativas el tótem es el símbolo del nombre y apellido de la persona. Leyendas ancestrales cuentan que el Gran Misterio transformó a miembros de la familia del oso, del venado, del lobo, etc., en seres humanos de dos piernas, lo cual dio origen a varios clanes y así hasta nuestros días. Muchos indios norteamericanos usan nombres animales tales como toro sentado, alce negro, etc.

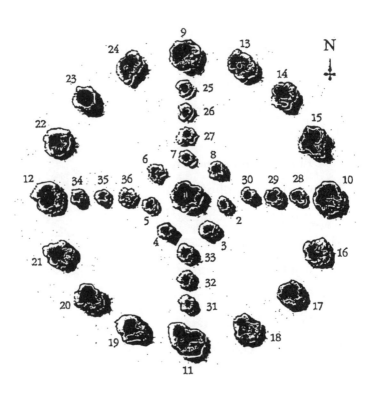

La rueda medicinal

CANCIÓN DE LA RUEDA DE LA MEDICINA

Cuando la mañana surge
Y la luz del Sol calienta mi alma
Cuando el Águila del Este vuela
Y la cola orgullosamente barre mi camino
Hacia el lugar del Espíritu
Abuelo escúchame ahora, estoy en el fuego
Deja la danza del Sol guiar mis pies según tu deseo
Muéstrame visiones que pueda ver
Palabras que relucen como oro al Sol

Aia, Aia, Aia

Vuélvete hacia el Sol
Como las aguas que atravesaré
Al alcance de la sensibilidad y la confianza
El lugar del Coyote
El hijo de la Luna cantó una canción en mi camino
En el lugar de las Plantas Sagradas
Mis emociones y mis voluntades son las que mandan
La voz de la Tortuga se escucha por los campos
La casa de la sabiduría
La Serpiente de cascabel me invita a bailar

Aia, Aia, Aia

Cuando el Sol desaparece, el mar de la oscuridad crece
Yo miro alrededor en pos de los cantos misteriosos
Que están en mi camino
Para morir y vivir nuevamente
El lamento de la muerte de mi Abuela me da descanso

Dame mi lugar junto a la mujer del Oeste
Muéstrame el Cielo y al Oso

Aia, Aia, Aia

En la noche más oscura las Estrellas me protegen
Vieja mujer del Norte, mi mente procura claridad
En este camino
Hacia el lugar de los vientos del Norte
Que los truenos y relámpagos me transporten
Deja que mis pensamientos descansen
Y me lleven hacia el sueño
El Halcón y el Búfalo
Mis sueños brillan como un cristal al Sol

Aia, Aia, Aia

Vestimenta Chamánica

Los indios de varias tribus del planeta, durante sus rituales de cura, utilizan máscaras que representan animales, facilitando al chamán la transformación en un animal poderoso que tiene el don de identificar y retirar la enfermedad.

LOS ANIMALES EN EL CHAMANISMO

A través del estudio del chamanismo podemos aprender mucho sobre las interacciones mentales entre los hombres y los animales. Seres espirituales, sea en la forma de santos, ángeles, seres ancestrales, hadas, duendes o animales totémicos, componen el repertorio de nuestros antiguos mitos en las diversas escrituras. Cuando las creencias son universales debemos dar algún crédito a ellas. El estudio de los tótems animales es muy importante para la comprensión de cómo el Reino espiritual se manifiesta en la vida natural.

El concepto de Medicina que utilizo, cuando se refiere a la medicina del águila, poderes medicinales del oso, medicina personal, etcétera, se refiere a los 4 cuerpos: emocional, físico, mental y espiritual. El término "medicina" alude al poder personal, dones de sabiduría, fuerza física, claridad espiritual y talentos. Es un modo de vida consciente a través de la relación de sanación con nuestra madre tierra y sus criaturas, nuestros familiares, amigos, plantas, piedras y los pequeños seres. Es recorrer el camino de la vida en armonía, amor y equilibrio con la tierra y el universo. Todo lo que influye en el equilibrio, influye en una medicina.

Las relaciones entre el chamán y los animales son de naturaleza espiritual y tienen una intensidad mística tal que se torna difícil para la escéptica mentalidad moderna siquiera imaginarlas. La relación era tan íntima que los chamanes creían posible convertirse en un animal. Al transformarse en un animal mítico, el hombre se convertía en algo mayor y más fuerte que sí mismo.

El pensamiento chamánico dice que existe una mente de grupo y un animal arquetípico o maestro para cada especie. Los espíritus animales se encuentran seguros en una conciencia colectiva y de sabiduría de sus especies. En consecuencia, los espíritus animales son excelentes profesores, guías y auxiliares para la humanidad.

Los rituales del pasado hacían uso de animales. En algunas sociedades antiguas la sangre animal se utilizaba como medio de liberar energía psíquica. Este era el único modo que conocían.

Hoy hemos desarrollado la energía psíquica humana, que es vital y fuerte, sin necesidad del sacrificio animal. Expandimos nuestra conciencia y creatividad de una manera que es mejor para toda la vida que nos rodea.

Las ceremonias efectivas se armonizan con las antiguas tradiciones y con los modernos *insights*. Se construyen sobre lo viejo y suman creativamente.

Los chamanes tienen al menos un animal de poder, el cual interviene como espíritu guardián y como intermediario para acceder a otras realidades. En los viajes chamánicos asumen las capacidades de su animal y perciben de manera diferente. Los animales protegen al chamán en trabajos peligrosos y son fuentes de conocimiento para este. Para el chamán japonés estos se consideran una forma elevada de transformación del Buda.

En el chamanismo los animales también se clasifican según los 4 elementos (hay variaciones en algunas corrientes):

Criaturas acuáticas y anfibios	Elemento Agua
Reptiles	Elemento Tierra
Aves	Elemento Aire
Mamíferos	Elemento Fuego

Los animales del agua son frecuentemente los guardianes de nuestros sueños, custodios de conocimientos y facilitadores de proyecciones astrales. Los anfibios nos enseñan a reflexionar para aprender a utilizar las emociones (agua) constructivamente (tierra).

El Reino de los pájaros es el Aire, que conecta el Paraíso con la Tierra. Son las aves quienes se mueven entre ambos. Recorren el camino entre la espiritualidad y la materia. El viento simboliza el movimiento y la capacidad de volar en las alas de la inspiración, intuición y creatividad.

Los insectos reúnen habilidades como el volar, la expansión, la adaptabilidad, la armadura, la reproducción, la organización, la fertilización, etc.

Entre los nativos norteamericanos la araña es al mismo tiempo abuela y creadora trayendo nuevas energías dentro de la existencia.

Los reptiles son los guardianes de los registros de la tierra y nos enseñan la capacidad de sobrevivir.

Algunas versiones de la rueda de la medicina contienen lo siguiente:

DIRECCIÓN	ELEMENTO	TÓTEM ANIMAL	PORTAL	CUERPO
Este	Fuego	Águila Dorada	Iluminación y Claridad	Espiritual
Oeste	Tierra	Oso Gris	Introspección	Físico
Norte	Aire	Búfalo Blanco	Sabiduría	Mental
Sur	Agua	Coyote	Fe/Emociones	Emocional

Los pueblos nativos creen que los clanes animales tienen grandes poderes medicinales, los cuales comparten con nosotros si tenemos la sabiduría para recibir sus enseñanzas.

El antropólogo Michael Harner, en su libro *El Camino del Chamán*, describe cómo cuando una persona está enferma y se encuentra desanimada es porque perdió su fuerza animal y esto hace que esté deprimida, débil y tendente a enfermar.

Los pueblos chamánicos llaman a la energía de los animales, honrándolos. Nosotros también podemos sacar provecho de estos poderes, en todo el conjunto de su clan, mediante un proceso llamado invocación.

La invocación puede entenderse como un tipo de rezo, una vía para atraer al espíritu de ciertos animales hacia nosotros. Cuando invocamos estamos literalmente invitando a un espíritu animal para vivir cerca nuestro, pudiendo así compartir su poder medicinal. Al invocar un espíritu animal, estamos rezando para el conjunto de las especies del mismo.

Cuando invocamos algún animal, llamamos a la sabiduría del conjunto de sus especies. El simple hecho de buscar deliberadamente su poder y de incluirlo en nuestra vida, puede transformar completamente nuestra forma de vivir. No estaremos llamando a espíritus de animales muertos o vivos. No debemos buscar a nuestro Animal de Poder fuera de nosotros puesto que este se encuentra en nuestro interior. Al invocar al Águila, invocamos el poder, conocimiento y experiencia de todas las Águilas, de su alma colectiva, de la esencia espiritual del animal que vive en la Tierra y en el Mundo Espiritual.

Esto debe ser estudiado atentamente para aprender más cosas y tener más respeto a sí mismo. Cuando interaccionamos con los animales aprendemos a verlos y todo en la naturaleza toma un nuevo rumbo. Así podemos llegar a apreciar y reverenciar la sabiduría y el poder inherente a todos los seres de la naturaleza. Hemos desarrollado la ciencia, la tecnología y la habilidad analítica, pero los espíritus animales tienen otros poderes que, en algunos sentidos, van más allá de nuestras capacidades. Podemos así recibir su orientación y ser curados por su medicina, invocando sus poderes para nosotros.

Tótem Indio

Podemos utilizar los tótems animales para aprender sobre nosotros mismos y también sobre los mundos invisibles. Hay una fuerza arquetípica que se manifiesta a través de estas criaturas. Estos arquetipos tienen sus propias cualidades y características reflejadas en los comportamientos y hábitos de los animales.

Un chamán puede tener varios animales de poder como auxiliares para objetivos específicos. Usted podrá trabajar con otros animales y los descubrirá a medida que vaya desenvolviendo habilidades chamánicas, pero su animal principal continuará siempre siendo el más importante para usted. Algunos chamanes recomiendan no revelar su animal de poder a otras personas mientras que otros lo declaran públicamente. Lo mejor en este caso es que cada cual escuche su voz interior y que tenga una clara y buena intención a la hora de revelarlo.

Cuando usted encuentre su animal de poder, lo sabrá, o tal vez este se comunicará con usted de algún modo. Si quiere podrá hablar con él. A la vuelta de su viaje chamánico, este le acompañará a través del túnel de forma que su energía estará a su lado disponible para ser utilizada cuando usted lo quiera.

Comience a meditar sobre su animal. Haga visualizaciones simples imaginándolo frente a sí. Deje que se comunique telepáticamente con usted. Vea cómo este puede ayudarle en diferentes áreas de su vida. No use la mente racional ni se preocupen de entender. Yendo con el corazón y la mente de un niño es como obtendrá una conexión más fuerte con él.

Visualice a su animal fundiéndose con usted. Haga visualizaciones donde usted se ve como el animal.

Componga canciones para su animal. No precisan ser muy elaboradas. Algunas líneas melódicas simples y repetitivas sirven como excelentes herramientas. Puede también utilizar una melodía que ya conozca. Hasta que un día pueda recibir una Canción de Poder de su animal (proceso de canalización).

La tarea de su Animal de Poder es mantener saludable su energía física, mental, emocional y espiritual. En el día a día cualquiera puede invocar a su animal de poder cuando necesita energía extra o ayuda, o en un momento de peligro o de enfermedad.

Uno de los métodos más conocidos para entrar en contacto con el Animal de Poder es la *"Búsqueda de Visión"*[26], en la que usualmente el practicante se va a un lugar aislado en montañas o bosques, realizando ayuno y durmiendo a la intemperie y, en algunos casos, bebiendo plantas de poder, en espera de recibir una visión.

Un camino más simple para invocar al espíritu animal es visualizarlo y llamarlo de corazón.

Si usted por ejemplo necesita más coraje podría visualizar un león e invocar así:

Espíritu del León. Yo te estoy llamando. Vive dentro de mí y abastéceme con tu coraje.

Cuando termine la invocación, agradezca al espíritu animal por su ayuda.

Usted debe comprender que está invocando una virtud y no confundir este trabajo con religión. No estará adorando ídolos y sí reverenciando y honrando una obra de la Creación Divina, lo cual no sustituye a la Fe en Dios que es insustituible.

Puede también inspirarse con fotos del animal, camisetas, imágenes, etc. El animal también puede invocarse

---

26 N. del T. Se trata de una ceremonia de origen Lakota en la que el iniciado se aísla del mundo durante varios días, sin comer ni beber, pidiendo al Gran Espíritu que le revele una visión. Actualmente esta ceremonia se realiza también en El Mundo occidental a través de la línea espiritual conocida como Camino Rojo.

imitando su comportamiento (danza animal). De este modo nos alineamos con sus energías y atraemos su espíritu hacia nosotros. También podemos actuar como animales, imitar sus sonidos, invitándoles a traer sus poderes hasta nosotros.

Podemos rondar y rugir como un León mientras invocamos a su espíritu. Podemos abrir nuestros brazos y volar como un águila o reptar como una serpiente.

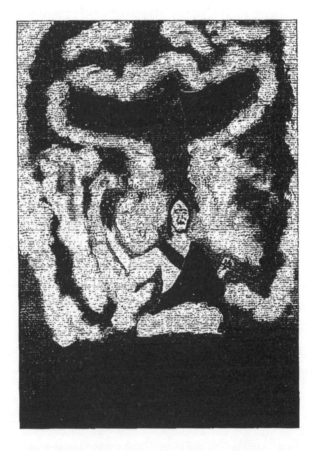

Chamán y su guardián (del autor)

Los chamanes suelen tener sus cantos, los cuales se envían hacia los espíritus guardianes para invocar su poder. En el chamanismo, cuando nos armonizamos con nuestro animal, este nos envía canciones. Las canciones de poder no son compuestas sino canalizadas. Suponen un fenómeno de liberación psíquica, mediúmnica. Estas pueden aportar felicidad, bienestar, cura, trances, entendimiento y reflexión. Todo chamán tiene su canción de poder. Harner sugiere que para tener una canción de poder debemos ir solos a un lugar agreste donde no haya nadie. No tome café y ayune durante todo el día. Camine sosegadamente y siéntese en algunas ocasiones. Pida su canción al universo. Después que reciba su canción, cuanto más la cante más se impregnará esta de energía y además le ayudará a entrar en otros estados de conciencia.

Aunque no reciba la canalización, usted puede invocar a un espíritu animal creando una canción. Por ejemplo:

Espíritu del delfín. Yo te llamo
Tu espíritu está aquí ahora
Ayúdame a comunicar mejor con todos
Espíritu del delfín vive en mí.

No es preciso que la invocación tenga rima. Procure visualizar al animal en la naturaleza. Respire profundamente y use sus propias palabras poniendo vida en la voz. Puede también utilizar la melodía de una canción ya conocida si así quiere.

Sienta, como en el ejemplo de encima, su nariz igual al pico de un delfín, sus aletas, su cuerpo fluyendo en las aguas. Siéntase un delfín. Pida al delfín que viva en su corazón llenándolo de pureza, paz, armonía y sabiduría. Y agradezca al delfín cuando termine.

Utilice la energía de su animal de poder en lo cotidiano. Para tomar decisiones importantes, reabastecerse de energía y enfrentar obstáculos.

Cuando por ejemplo tenga que ir a algún lugar que suponga una energía pesada, visualice a su animal de poder yendo frente a usted y creando un círculo de protección que lo aísla desde el momento que entra en el lugar. El contacto periódico con su animal es el que determinará la mejor manera de comunicación entre ustedes.

En el chamanismo, realizamos un ritual con tambor para que los practicantes se conecten con su Animal de Poder. También dejamos que pueda aflorar a través de la *Danza del Animal*, que es otra forma de invocación que unifica al animal de poder con el danzante. Los practicantes de chamanismo también suelen tener sus cantos para evocar el poder de los animales.

Evocando con palabras y visualizaciones descubrirá intuitivamente otros medios de comunicación con ellos. Estos pueden darnos mensajes en sueños y, a veces, aparecer durante sus momentos de duda, en el exterior, en la forma de camisetas, revistas, vallas publicitarias, pegatinas en coches, o sea, creando sincronicidad a través de una variedad de señales.

Existen numerosas formas para facilitar la invocación de los espíritus animales. Ayuda mucho pasar el mayor tiempo posible en contacto con lugares naturales y salvajes, aunque la invocación puede ser hecha también en su jardín o en un cuarto con imágenes de naturaleza y plantas. Y claro, así como los animales respetan la naturaleza, cuanto más nos aproximamos a ella y la respetamos, así como a todas sus criaturas, esto se volverá también una forma de invocación.

Tótem de águila

Descubriendo el tótem animal y estudiándolo, aprenderemos a fundirnos con él y así podremos atraer su energía siempre que sea necesario. Cuando honramos al tótem estamos honrando a la esencia espiritual y a la energía que se encuentra en este. Una fuerza real. Aprendiendo a trabajar esta energía estaremos aprendiendo el lenguaje de la naturaleza y abriendo misterios y secretos.

En mi primera ceremonia de animal guardián descubrí a mi animal de poder y con él pude realmente volar. Me enseñó los caminos para llegar al chamanismo y el *insight* de que aquella enorme paloma en mi cama, a los 11 años, no era tal, sino un Águila.

Mi sensibilidad se agudizó mucho, mi creatividad se expandió y recibí su canción de poder:

MINHA GUARDIÁ	MI GUARDIANA
Águia , prá onde voas	*Águila para donde vuelas*
Águia , prá onde vais	*Águila para donde vas*
A voar, a voar, a voar, a voar	*A volar, a volar, a volar, a volar*
A voar, a voar, sem parar	*A volar, a volar, sin parar*

Águia, o que tu buscas   *Águila, lo que tú buscas*
Águia, o que tu procuras   *Águila, lo que tú procuras*
A voar, a voar, a voar, a voar   *A volar, a volar, a volar, a volar*
A voar, a voar, lá no Céu   *A volar, a volar, allá en el Cielo*

Águia, não me abandone   *Águila no me abandones*
Guia meu caminhar   *Guía mi caminar*
A voar, a voar, a voar, a voar   *A volar, a volar, a volar, a volar*
A voar, a voar, para mim   *A volar, a volar, para mí*

És minha Guardiã   *Es mi guardiana*
Contigo não vou recuar   *Contigo no voy a retroceder*
Vou voar, vou a voar,   *Voy a volar, voy a volar,*
vou voar, vou voar   *voy a volar, voy a volar*
Vou voar, vou a voar, com voçê   *Voy a volar, voy a volar, contigo*

La medicina del águila es poderosa, vuela alto, por encima de la ignorancia humana, ayudándonos a conquistar los límites de este mundo y alcanzar otros reinos. Nos ayuda en el desarrollo de los poderes chamánicos viajando en mundos alternativos. Con los ojos del águila podemos mirar con la visión de la luz solar, aclarando la verdad en la oscuridad de la ilusión. Nos permite ver con distancia, para apreciar nuestra propia vida libre de preconceptos y preocupaciones. Nos permite volar lejos de los límites de los detalles, enfocándonos en las cosas más importantes y desarrollando nuestros espíritus. Su medicina es también la libertad del vuelo, no agarrándose a vicios o patrones negativos. Nos enseña a atacar nuestros miedos personales hacia lo desconocido. Nos enseña a ampliar la percepción sobre nosotros mismos, más allá de los límites visibles. Se considera también como el león alado (¿conciencia?). Ambos están asociados a la energía masculina y al sol.

Es interesante que, al trabajar con el animal guía, muchas respuestas aparecen en las situaciones más diversas, como puede ser en adhesivos en los coches, camisetas, nubes en el cielo con forma animal, sueños, etc. Se abre el portal de la sincronicidad.

Yo llego a tener sensaciones en la cabeza, en las cejas o en la espalda, como si me estuviera transformando. A veces me miro en el espejo y veo en mi rostro la imagen de mi animal de poder, sin contar a muchos amigos y personas que participan en mis ceremonias y que lo ven también en mí, ya sea en mi rostro o sobre mí, o a mi lado. Una ceremonia de tabaco sagrado con el chamán Coyote en Pie, su hijo que me conocía muy poco, vino a hablarme de la visión que tuvo conmigo corriendo en una planicie y transformándome en un águila.

Cierta vez, también en mi casa de São Paulo, el chamán David Geiger, conductor de una práctica de Temazcal[27], tuvo la visión en el ritual de la Chanupa en la que un águila volaba sobre mi cabeza y dejaba caer sobre ella varias plumas, formando una especie de cocar[28].

---

27 N. del T. Temazcal o Inipi, dependiendo de la tradición en que se realice, consiste en una pequeña cabaña con forma semiesférica, realizada con varas de fresno u otro árbol de madera flexible, en cuyo interior se abre un hueco central u ombligo que albergará piedras ardientes, que habrán sido calentadas en un fuego vivo durante un par de horas. Los participantes se situarán semidesnudos en el interior de la cabaña, que habrá sido cubierta completamente con mantas o pieles para no dejar pasar ni un ápice de luz. Una vez que las piedras calientes se encuentran en el interior, el oficiante comienza a rociarlas con agua y esencias, produciendo un efecto de *sauna* en el interior del inipi. La ceremonia se acompaña de *cantos de poder*.

28 N. del T. Dejamos aquí el término original 'cocar', que corresponde a penacho o diadema de plumas. Normalmente los guerreros y líderes espirituales de las tradiciones americanas colocan estos cocares en sus

Muchas personas confunden la imagen con la ilusión. La imaginación es la capacidad de la mente para crear y trabajar con imágenes, el principio de la creación. Todo es imaginado antes de ser creado. Esta capacidad puede abrirnos para otros reinos y ayudarnos a restablecer el contacto con un conocimiento perdido, auxiliarnos en la cura y abrir altas visiones e introspecciones de profundo significado.

Tengo varios relatos de alumnos que tuvieron resultados significativos después de su encuentro con el animal de poder:

Una mujer de 28 años participó en cierta ocasión en una ceremonia de animal guardián que transformó su vida. Vivía enferma y desanimada, con el sistema inmune dañado, manchas en la piel y sin ánimo para salir con amigos. No conseguía encontrar empleo o pareja ni de forma remota.

Voy a anticipar una cuestión que compartió al final de la vivencia. Detestaba la miel. No podía ni sentir su aroma pues le producía náuseas. En ese estado realizó la ceremonia del animal guía. ¿Adivina cuál fue el animal que llegó para ella?

¡El Oso! Y cuando ella preguntó qué debería hacer para mejorar su situación, su desanimo de vivir, este le respondió que debería comer miel.

Ella se acercó a mí todavía más desanimada y me dijo:

—¡Leo! ¡Esto solo puede ser cosa de mi imaginación! ¡Justo la miel, que yo detesto!

---

cabezas como símbolo del Poder al que representan y que les asiste.

Yo le respondí que la respuesta había venido de su interior y que ella tenía que entender la magia que se encuentra tras ello. Le recomendé que cogiera una cuchara de miel, la mezclara con zumo de frutas y que la tomara visualizando a su animal guardián.

Pasados tres meses apareció totalmente transformada. Sonriente, su salud mejoró, recuperó el entusiasmo por la vida, consiguió empleo. Solo le faltaba encontrar pareja, pero ya tenía alguien en perspectiva. Le pregunté qué había pasado para tan profunda transformación y me respondió

—*¡Leo, únicamente no pongo miel en el arroz y en las judías, en el resto la pongo en todo¡*

Está claro que los más escépticos podrían decir que fue simplemente autosugestión. Y es posible. Pero ¿qué importa? ¿Por qué no podemos vivir el misterio, la magia? Lo más importante para mí fue ver a una persona más confiada, con más autoestima, creyendo que dentro de ella hay una fuerza capaz de transformar lo feo en hermoso.

A través de la visualización creativa, las energías espirituales se interconectan con el *mundo físico*. Es una realidad en niveles que se encuentran más allá del mundo de los sentidos. Creamos una nueva cognitividad, con nuevos colores, formas, etc., se abren las puertas de la intuición y nos conectamos con el *mundo creativo*. A eso es a lo que ayuda la identificación con nuestro tótem. Despierta la energía para la vida. Los niños sueñan frecuentemente con animales y deberíamos prestar más atención a eso.

En las vivencias y talleres he escuchado relatos de curas interesantes, poderosas visiones, de personas que comienzan a ver la vida con más belleza, a amar más a la naturaleza, a creer más en su poder personal y salir de situaciones difíciles.

Mediante la conciencia ordinaria, el hombre se limita a las leyes de causa y efecto. Se encuentra preso en la línea del tiempo (pasado, presente y futuro). Al compartir la conciencia de un animal puede trascender el tiempo y el espacio, así como las leyes de causa y efecto. Volviéndose animal, el mundo se revitaliza y renueva.

El chamanismo practicado con plantas de poder (Ayahuasca, Peyote, San Pedro, etc.) refuerza también esa conexión del hombre con el animal. El jaguar, después de la serpiente, es el animal que surge con mayor frecuencia en las visiones proporcionadas por las plantas. También hay visiones de Águila, Condor, Lobo y otros.

Bruce Lamb, en su libro *El hechicero del alto Amazonas*, narra una visión bajo el efecto de la bebida sacramental *ayahuasca* o *nixi honi xuma*, con indios en la Amazonia, la cual resumo a continuación:

"Con el canto de la jiboia[29], una gigantesca jiboia apareció deslizándose lentamente por la selva. Chispas luminosas surgían de sus ojos y su lengua. Los diseños de su piel de serpiente brillaban con intensos colores. Después llegaron unos sucururus gigantes, unas jararacas y varios otros tipos de animal".

---

29 N. del T. La jiboia es una serpiente cuyo espíritu es considerado como guardián de la *medicina* denominada rapé, que consiste en un polvo compuesto por tabaco molido que se mezcla junto a la ceniza de alguna otra planta, de las cuales la más usual es la corteza de un árbol llamado Pau Pereira. El poder de la jiboia es invocado en diferentes cantos, generalmente para ceremonias de rapé. También se realizan cantos de poder para otros animales en diferentes ceremonias y rituales, con finalidades diversas, que son estos a los que se refiere este texto.

"Después llegaron los pájaros, en especial de la familia del gavilán. Con un canto especial para el gavilán, apareció una enorme águila de chispeantes ojos amarillos. Posteriormente fueron llegando diversos animales, cada uno durante su propio canto".

Tuve una visión muy fuerte en un trabajo espiritual de Santo Daime (ayahuasca) en Mauá, Río de Janeiro. En el momento álgido de la manifestación de la bebida sacramental, sentí mi cuerpo muy leve y tuve una visión en la que me sentí volando en la espalda de un águila. Poco después sentí que yo era esa misma águila. Podía ver todo el paisaje desde arriba y sentía el viento acariciando mi rostro. Estaba volando.

Algunos años después, en Perú, participando de una ceremonia de ayahuasca con el chamán Mateo Arévalo, nativo de la tribu Shipibo, en Pucallpa, Amazonía peruana, mirando para el cielo vi una inmensa bola dorada que rasgaba la oscuridad y venía en mi dirección. Una visión magnífica. Era la figura de un enorme león con una cuba inmensa que balanceaba adelante y atrás con el viento, llegó y la evitó en el aire frente a mí. Yo no sentía miedo, pero sí estaba deslumbrado. El león me miraba fijamente. Al finalizar la sesión don Mateo me dijo:

"La Ayahuasca abrió su mundo y su mundo es el de los leones. ¿Sabe usted lo que hay detrás de su nombre, Leo? Leo es León. A partir de ahora usted debe ponerse a trabajar con él."

En Machu Pichu, durante una ceremonia de Wachuma, o cactus de San Pedro, con mi amigo y curandero Agustín, tuve visiones de varios animales sagrados: cóndor, puma, elefantes y otros.

En cierta ocasión, en un ritual de cura de Santo Daime en Camanducaia, mi nariz y boca comenzaron a vibrar y sentí que estaban creciendo. Entonces me percibí con la cabeza de un lobo. Poco después estaba transformado en lobo y caminando por la selva.

Haciendo una ceremonia de cura para mi padre, sentí también que había incorporado un águila y volé hacia el interior de mi padre consiguiendo obtener precisas informaciones sobre su estado de salud.

Es importante subrayar que todas las visiones tuvieron, para mí, significados mucho más profundos que el propio relato y las bellezas de las visiones. Ese aprendizaje y las consecuencias de esas visiones, prefiero mantenerlas en el misterio.

<table>
<tr><td>CANÇAO DA
ÁGUIA DOURADA</td><td>CANCIÓN DEL
AGUILA DORADA</td></tr>
<tr><td>*A Hey*
Ya ya ho hey hey no
Ya ya ho hey hey no
Ya ya hey ya</td><td>*A Hey*
Ya ya ho hey hey no
Ya ya ho hey hey no
Ya ya hey ya</td></tr>
<tr><td>*Ya ya ho hey*
Ya ya ho hey hey no
Ya ya ho hey hey no
Ya ya hey ya</td><td>*Ya ya ho hey*
Ya ya ho hey hey no
Ya ya ho hey hey no
Ya ya hey ya</td></tr>
<tr><td>*Eu sou*
Águia Dourada
No horizonte
Sempre a voar</td><td>*Yo soy*
Águila Dorada
En el horizonte
Siempre voy a volar</td></tr>
</table>

Vou subindo
E vou subindo
E neste vôo
Vou te levar

Navego
Rumo ao Sol
Rumo a
Lua também

E sua
Consciência
Vai se expandindo
Também

Relaxe sua mente
Cuida da respiraçao
Relaxando é que se chega Neste
Universo, meu irmão

Eu faço
Minha morada
Se tu queres
Podes vir

Construo
Nas alturas
Prá ninguém
Poder subir

Deixe
Entrar o Amor
Que eu te mando
Meu irmão

Voy subiendo
Y voy subiendo
Y en este vuelo
Te voy a llevar

Navego
Rumbo al Sol
Rumbo a
La Luna también

Y tu
Conciencia
Se va expandiendo
También

Relaja tu mente
Observa la respiración
Relajando es que se llega
A este Universo, hermano mío

Yo hago
Mi morada
Si tú quieres
Puedes venir

Construyo
En las alturas
Para que nadie
Pueda subir

Deja
Entrar al amor
Que yo te mando
Hermano mío

Receba
Con alegria
E muito Amor
No coração

A Hey
Ya ya ho hey hey no
Ya ya ho hey hey no
Ya ya hey ya

Ya ya ho hey
Ya ya ho hey hey no
Ya ya ho hey hey no
Ya ya hey ya

Recibe
Con alegría
Y mucho Amor
En el corazón

A Hey
Ya ya ho hey hey no
Ya ya ho hey hey no
Ya ya hey ya

Ya ya ho hey
Ya ya ho hey hey no
Ya ya ho hey hey no
Ya ya hey ya

CREENCIAS COMUNES SOBRE LOS ANIMALES TOTÉMICOS

Todo animal tiene un espíritu poderoso.

Este espíritu puede ser el propio o el de un ser que utilizó la apariencia del animal para comunicar imágenes al mundo de los humanos.

Todo animal tiene sus propias cualidades. El estudio de estas revelará el tipo de medicina, magia y fuerza que nos ayudará a desarrollar.

Los animales de poder son normalmente salvajes y no domesticados. Hay algunas excepciones, pero incluso estas son un camino para el verdadero *animal de fuerza*, o sea, aquellos sirven como hilo conector. Por ejemplo, un perro puede ser un hilo conector con el Lobo o Coyote. El gato puede serlo del León, la Pantera, el Tigre, etc. Es un puente que nos lleva al animal de poder verdadero y no puede dejarse sin consideración. Es como si se tratara de una etapa de preparación.

Los animales y sus energías trabajan en ti. Tu eres un microcosmos. Las energías del Universo están dentro de ti. ¡El Universo vive en ti!

El animal escoge a la persona y no al contrario. Quien elige un animal en concreto, generalmente es porque su ego se encuentra en el camino. La persona puede escoger a determinado animal debido a su *glamour,* pero no ofrece resultados y sí frustraciones. Ningún animal es mejor o peor que otro. La medicina de cada animal es única. Es mejor para ti hacerte poderoso utilizando la medicina de la Rata que ser ineficaz con la medicina del Oso. Tu mayor éxito reside en trabajar con el animal que llega para ti.

Tú debes desarrollar una relación con tu animal. Para comunicarte con él es necesario tener respeto. Debes aprender sus puntos de vista. Ellos deben aprender a confiar en ti con tus limitaciones. Y tú debes aprender a confiar en ellos con sus limitaciones. Esto requiere tiempo, paciencia y práctica.

Debes aprender a honrar su tótem y su medicina para que sean efectivos en tu vida. Cuanto más efectivo, más poderosos se vuelven. Puedes colgar grabados y figuras o estatuas. Leer y aprender con ellos y su comportamiento. Puedes usar camisetas, pequeños símbolos o imágenes como regalo para tus amigos. Estos fetiches son un recordatorio de la fuerza y espíritu de tu tótem animal.

Puedes hacer donativos para organizaciones a favor de animales salvajes.

Danzar es una poderosa forma de honrar a tu animal de poder. Desarrollando la mímica de sus movimientos y guardándola en tu imaginación podrás, un día, ver a tu animal en tu propio rostro y sentir sensaciones físicas de ello. Por ejemplo, cuando estés bien sintonizado con el Coyote, podrás sentir tu nariz alargarse como si fuera un hocico.

La imaginación es un hilo conector para tu animal.

Cuando aprendes a trabajar con la medicina de tu animal, esto se vuelve una puerta para trabajar con otros seres del Reino Animal. No estás limitado a un único tótem. Otros podrán sumar características que el tuyo no tiene. Trabajando con la fuerza de tu animal, este te enseña a alinearte con otros. A través de tu animal de poder, podrás conectarte con las energías de otros y de otras existencias.

Aunque exista un tótem mayor para tu vida, que es tu animal de poder, podrás tener alguno otro para determinados días, o trabajar con otros en determinados periodos de tu vida. La clave está en mantener una fuerte conexión con el principal; esto expande tu conocimiento y tiende el puente para los demás de forma más fácil.

Diversas personas pueden tener el mismo tótem. Se pueden formar grupos en los que los integrantes trabajen con el mismo espíritu animal, aunque la energía se manifieste de forma diferente para cada participante.

Ciertamente, y ahora más que nunca, es necesario que la humanidad reconecte con la Madre Tierra.

LA IMAGEN EN ACCIÓN

Somos lo que pensamos
Todo lo que somos viene de nuestros pensamientos
Con nuestros pensamientos construimos el mundo
Ten pensamientos impuros
Y los problemas te acompañaran al igual que
Un carro acompaña a una pareja de bueyes
Somos lo que pensamos
Todo lo que somos viene de nuestros pensamientos
Ten pensamientos puros
Y la felicidad te seguirá tal como una sombra
Inquebrantable

BUDA

En el libro de Jeanne Achterberg, *Imagery in Healing: Shamanism and Modern Medicine*[30], esta habla de la influencia de los factores psicológicos y emocionales sobre el sistema inmunológico que resumo en este capítulo:

La imaginación tiene un inmenso poder. En el mundo entero se administran placebos a varios tipos de paciente. Con frecuencia consiguen reducir dolores, náuseas, ansiedad y hasta incluso células tumorales. Lejos de engañar a inocentes, el placebo y el poder de sugestión actúan más sobre personas necesitadas que quieren ponerse buenas.

La característica común a estos eventos –experiencias mentales, maldiciones de vudú, visitas a santuarios religiosos, a médicos y su relación con los placebos– es que estos sirven para alterar las imágenes o las expectativas de

---

30 Achterberg, J., *Imagery in healing: Shamanism and modern medicine*, Shambhala Publications, 2013.

las personas sobre su estado de salud. Y actuando así, las imágenes causan profundos cambios fisiológicos.

Como la naturaleza crea pocas vías de un solo sentido, si podemos enfermar debido a una conducta errónea e incluso morir por causa de hechizos y heridas emocionales, entonces también debemos ser capaces de recuperarnos de ello.

El cuerpo no tiene secretos y nunca miente. Los pensamientos pasados o presentes no se van sin dejar su marca corporal. La imaginación se comunica con los tejidos, órganos e incluso las células para provocar un cambio.

Los chamanes comprenden, en sentido espiritual, el nexo entre cuerpo, mente y alma. El trabajo ritual del chamán tiene efecto terapéutico directo sobre el paciente al crear imágenes vívidas e inducir estados alterados de conciencia que conducen a la autosanación.

En la medida en que adquirimos más conocimiento sobre ese magnífico sistema de defensa, todo indica que las grandes enfermedades de la humanidad podrían ser controladas si se pudiera entrenar al sistema inmunológico para trabajar con eficacia.

El estrés exacerba el desarrollo del cáncer en los seres humanos, desencadena síntomas en pacientes con artritis reumatoide y hace que los asmáticos acudan a urgencias en busca de oxígeno.

Felizmente, aunque el sistema inmunológico sea atacado de forma violenta por diferentes tipos de comportamiento y pensamiento, sabemos que también puede ser restablecido y reprogramado mediante actos conscientes. De acuerdo con nuevas investigaciones, determinadas imágenes, sentimientos positivos y sugestiones, así como aprender a reaccionar a factores estresantes de un modo relajado, tienen el poder de aumentar la capacidad del sistema inmunológico, en el sentido de combatir a la enfermedad. Algunos estudios muestran que el sistema inmunológico está bajo el control directo del sistema nervioso central, particularmente las regiones del cerebro implicadas en la transmisión de la imagen corporal.

Los caminos del chamán son, en primer lugar y por encima de todo, espirituales. Su éxito reside en actuar como técnicos de lo sagrado. La práctica chamánica comprende la capacidad de conexión con los animales guía, así como entrar y salir de un estado especial de conciencia.

La cura para el chamán es una cuestión espiritual. Este considera a la enfermedad como originada en el plano espiritual y de este adquiere su significado. En el chamanismo, el problema básico no es lo externo, sino la pérdida de poder personal que permitió la invasión, ya sea de una flecha o de un mal espíritu. El tratamiento pone énfasis en primer lugar en el aumento del poder personal del enfermo y en segundo lugar en oponerse al poder de la gente que produjo el mal.

Salud es estar en armonía con la visión del mundo. Salud es una percepción intuitiva del universo y de todos sus habitantes como seres de un mismo origen. Salud es comunicarse con animales, plantas, estrellas y minerales. Es conocer la muerte y la vida y no ver entre ellas diferencia alguna. Salud es buscar todas las experiencias y vivirlas sintiendo su textura y sus múltiples significados. Salud es expandirse más allá del propio estado de conciencia para experimentar los susurros y vibraciones del universo junto.

El temazcal es uno de los medios utilizados, en el chamanismo, para inducir estados alterados de conciencia. Una sauna, sin el ritual, es algo simplemente caliente, pero con el ritual puede inducir un efecto sistémico que conlleva una rápida aceleración de los latidos cardíacos, náusea, mareos, síncope (desmayo), etc. La reacción fisiológica a un estímulo tan intenso es parcialmente función del aprendizaje. Desde el punto de vista físico, hay un componente bioquímico –la fiebre repele la acción natural de las toxinas– relacionada con el sistema inmunológico en acción. Además, la sudación puede actuar como esterilizador, eliminando bacterias, virus y otros microorganismos que proliferan a la temperatura del cuerpo y que son más sensibles al calor. El crecimiento de tumores también puede ser inhibido cuando la temperatura normal del cuerpo es significativamente elevada.

Beber abundante agua y enseguida hacer una sauna, tiene como resultado una sensación de desintoxicación y despeje de la mente. El propio calor puede ayudar a crear un estado de conciencia y promover la intensa concentración necesaria para la cura.

Temazcal

Es típico que los chamanes ayuden antes de realizar un trabajo difícil. El ayuno puede incluir abstención de comida, sal y agua. Otras privaciones incluyen permanecer sin dormir durante varias noches lo que de por sí puede ocurrir de cualquier forma en el proceso de un ritual prolongado.

El efecto placebo ocurre debido a la imaginación. El término placebo proviene del verbo latino *placeo, placere*, que significa, "dar placer, agradar, deleitar". Cada pensamiento es acompañado por un cambio electroquímico. El alivio del dolor es una de las capacidades del placebo en aumentar la producción de las sustancias químicas del cuerpo responsables de su alivio, las endorfinas o encefalinas. Así es cómo el chamán, en una tribu primitiva, puede conseguir lo mismo escupiendo en un algodón empapado en sangre, en el momento apropiado.

Thomas Edison dijo en cierta ocasión: «el médico del futuro no dará medicinas, pero involucrará a los pacientes en los cuidados con el cuerpo humano, la nutrición, y las causas y prevenciones de las enfermedades».

Toda la cura es mágica. Hay un denominador común entre el indio y el sanador occidental: la confianza, tanto del paciente cuánto del curador. Ambos deben creer en la magia. En caso contrario esta no funcionaría.

Tanto la producción de serotonina como su inhibición se asocia a estados de elevada actividad imaginativa, como ocurre con los sueños, así como en un brote de esquizofrenia o una experiencia inducida por la dietilamida del ácido lisérgico (LSD).

Sentimientos, pensamientos e imágenes pueden en verdad causar la liberación de sustancias químicas y, a su

vez, estas sustancias tienen un efecto de retroalimenta-
ción en cuanto a la provocación de estados emocionales.
Es esencial el equilibrio químico para el mantenimiento
de la salud y este equilibrio puede romperse o restable-
cerse como consecuencia de cualquier comportamiento,
inclusive comer, beber, hacer deporte o pensar.

Las endorfinas se encuentran en gran concentración
en el sistema límbico, en el tálamo y en todas las áreas
que intervienen en la transmisión de dolor. También se
encuentran en las áreas del cerebro que regulan la respiración, la actividad motora, el control endocrino y el humor. Se atribuye a la acción de las endorfinas el aumento
efectivo en la tolerancia al dolor observado en los actos
heroicos en batallas, partos y traumas significativos, aunque existen pocas evidencias directas de ello.

En el comportamiento, la imagen, como variable,
puede ser usada como instrumento para reestructurar el
significado de una situación, de modo que este deje de
tener poder para crear sufrimiento. Hay implícita una
disminución de la ansiedad y de otras secuelas emocionales negativas, así como también una atenuación de comportamientos que podrían ser considerados respuestas a
situaciones generadoras de ansiedad.

El curandero tiene éxito debido a su habilidad para dar
esperanza, reforzar la autoestima y ayudar al individuo
desarraigado a aceptar de forma satisfactoria a la sociedad. La autoestima del paciente aumenta en la medida en
que la actividad se concentra en él. Cuando el curandero
invoca a las fuerzas sobrenaturales, el paciente recibe una
confirmación todavía mayor de que es digno de recibir
ese tipo de ayuda.

Los rituales, procedimientos adivinatorios y acciones terapéuticas derivan, según Jeanne Achterberg, de una visión mágico-religiosa del mundo. Estos llaman a los componentes emocionales y racionales de la psique, aportan satisfacción a nuestras necesidades y productos metafísicos de la imaginación.

Cuando las vidas son alcanzadas por algún acontecimiento dramático, el proceso vital se ve afectado. Un importante cambio en la vida de la persona puede provocar la entrada de alguna enfermedad o hacer que todo pierda significado.

Hay buenas evidencias de que la imaginación fluye mejor cuando el sistema motor no está compitiendo activamente por la atención del cerebro, así como también cuando la persona está acostada boca abajo.

Las visualizaciones transmiten mensajes que son comprendidos por el sistema inmunológico. Conectan los pensamientos conscientes a los glóbulos blancos, de forma que las combinaciones y cifras apropiadas de estos se ponen en acción, de un modo tal que ni siquiera el mejor de los inmunólogos podría plantear.

EJERCICIOS
CONEXIÓN CON SU ANIMAL DE PODER

Comenzaremos realizando ejercicios de visualización para abrir las puertas del reino animal.

Deje a un lado las preocupaciones e ideas preconcebidas. Concéntrese en esa parte suya que siente, más que en la que piensa.

Vaya a un lugar tranquilo en el que no vaya a ser molestado.

CEREMONIA DE LIMPIEZA

Antes de comenzar la conexión realice la ceremonia de limpieza. Esta ceremonia se hace mediante la quema de hierbas tales como salvia, lavanda, romero, cedro, artemisa, tabaco y otras. A mí me gusta mucho utilizar la salvia.

Coloque la salvia en una concha marina o de otro tipo, que simbolizará el elemento Agua. La propia hierba representa al elemento Tierra. El elemento Fuego es representado por sí mismo en el momento de la incineración. El humo se abanica mediante una pluma que representa el elemento Aire.

Evoque al espíritu de la hierba, solicitando sus poderes de limpieza.

Mirando hacia el este abanique el humo hacia adelante diciendo:

• *Espíritu del Este, de donde llega la luz. Portal del Espíritu y del elemento Fuego, ilumíname.*

Gire en sentido horario poniéndose de frente hacia el Sur y diga:

- *Espíritu del Sur, donde el Sol es fuerte. Portal de las emociones, sentimientos y del elemento Agua, fortifícame.*

De nuevo en sentido horario vuélvase hacia el oeste y diga:

- *Espíritu del Oeste, donde el Sol se pone. Portal del cuerpo y del elemento Tierra, transfórmame.*

Vuélvase ahora hacia el norte, siempre en sentido horario y diga:

- *Espíritu del norte, donde el sol descansa. Portal de la mente y del elemento aire, enséñame.*

De nuevo gire hacia el este abanicando el humo hacia lo alto:

- *Cielo, Gran Fuerza Masculina tras todo lo que existe, dame Poder.*

Todavía mirando al Este, abanique el humo hacia el suelo:

- *Madre Tierra, Gran Fuerza Femenina tras todo lo que existe, nútreme.*

(Puede también reverenciar a los 3 mundos: el superior, el intermedio, el subterráneo, el cielo y la tierra)

Después abaníquese el humo hacia sí mismo, comenzando por los pies y subiendo hasta la parte superior de la cabeza. Hágalo 4 veces. También puede colocar sus manos sobre el humo llevándolo hacia el rostro e ir bajándolo con las palmas de las manos en dirección a los pies, recorriendo todo el cuerpo.

Ponga una grabación con un sonido de tambor a un ritmo de entre 120 y 150 toques por minuto. Puede también pedir que alguien lo toque para usted. El ritmo del tambor es el pulso de la vida, el latido del corazón de la Madre Tierra.

• Acuéstese y relájese, respirando profundamente.

• Comience a inspirar de manera rítmica. Inspire, retenga el aire con los pulmones llenos, espire y retenga los pulmones sin aire, volviendo a inspirar nuevamente con la misma cuenta de tiempo para cada etapa. Yo acostumbro a hacerlo con 7. Por ejemplo:

• Inspire durante 7 segundos (siempre por la nariz), llenando completamente los pulmones y el diafragma de aire.

• Retenga la respiración con los pulmones llenos durante 7 segundos.

• Espire durante 7 segundos todo el aire del cuerpo.

• Retenga la respiración durante 7 segundos con los pulmones vacíos.

• Inspire nuevamente durante 7 segundos.

• Haga una serie de 10 respiraciones como esta.

• Cierre los ojos y vaya sintiendo el sonido del tambor. Permita que el sonido penetre a través de sus 4 cuerpos (mental, espiritual, físico y emocional).

• Entre cada inspiración y cada espiración existe una pausa en la que deja de respirar por un instante para retomar nuevamente el aliento.

• Observe su cuerpo en ese intervalo y sienta las pausas sin respiración.

• En la pausa entre la inspiración y la espiración, piense en todo lo que le preocupa y emita una orden: RELA-JANDO.

• A continuación, espire todas las toxinas orgánicas y mentales. Entre la inspiración y la espiración piense en todas las energías y emociones que quiere inspirar, emitiendo la orden ENERGIZANDO, e inspire calmada, profunda y totalmente.

• Ahora deje su mente en reposo. Relaje sus pensamientos y permanezca en silencio mental durante al menos 10 respiraciones.

• Preste atención a la respiración, escuchándola, sintiendo su respirar.

• Sienta cómo sucede el contacto con el aire, con el oxígeno natural, con la energía cósmica.

• Con atención consciente en su respiración, libere su mente de pensamientos al tiempo que siente su respiración. Sienta el subir y bajar de su vientre, así como la onda respiratoria propagándose por todo su cuerpo. Así, durante una pausa, en cada larga expiración de arriba hacia abajo, piense en las partes de su cuerpo y emita la orden RELAJA.

• Sienta los músculos del cráneo, la cabeza, ojos, cejas, rostro, boca, labios, encías, maxilares, nuca, cuello, espalda, hombros, brazos, manos, dedos.

• Piense en los músculos del pecho, en el corazón, el tórax, el diafragma, los pulmones.

• Ponga su atención en los músculos del abdomen, la pelvis, las nalgas, el coxis, las piernas, las pantorrillas, los pies, los dedos.

• Concéntrese en las glándulas, en las articulaciones, músculos, tendones y ligamentos.

• Piense en sus órganos, cerebro, corazón, pulmones, estómago, intestinos, hígado, riñones, órganos sexuales… Piense en sus vasos sanguíneos, en todo su cuerpo.

• Sienta las partes de su cuerpo que necesitan relajación y diga con amor y ternura: RELAJANDO.

• Haga algunas respiraciones abdominales profundas. Visualice cómo al inspirar atrae la energía del centro de la Tierra, pasando a través del coxis llegando hasta el corazón. Al espirar visualice esa energía liberándose hacia el centro del pecho.

• Visualice cómo al inspirar toma energía procedente del Cielo, que entra por la coronilla y desciende hasta el corazón. Espire suavemente hacia el centro del pecho.

• Inspire profundamente visualizando que está recibiendo energía de las fuentes del Cosmos y de la Tierra.

• Sienta cómo en su corazón se funde la energía del Cielo con la energía de la Tierra.

• Imagínese un lugar en el que le gustaría estar relajándose, meditando en este momento (puede ser un bosque, campo, montañas, ríos, mar, etc.).

• Imagínese en ese lugar, al cual llamaremos su *Espacio Sagrado de la Mente*.

• Visualice su cuerpo en reposo. Poco a poco vaya imaginando a su cuerpo espiritual desprendiéndose de su cuerpo mental.

• Su cuerpo espiritual comienza a caminar por su espacio sagrado hasta encontrar una abertura subterránea. Aproveche para contemplar la belleza a su alrededor.

• Una vez se encuentre la abertura entre en su interior y comience a caminar observando que se trata de un túnel. Atraviese ese túnel. Si algún obstáculo obstruye su camino, no desista, rodéelo y continúe caminando.

• Toque las paredes del túnel con sus manos y siéntalas. Podrá sentir la energía de la tierra en sus manos, energía vital fluyendo en las paredes.

• Un poco más adelante podrá visualizar la puerta de entrada para *el mundo profundo*. Colóquese frente a la puerta y evoque mentalmente:

"Pido que mi animal guardián venga a encontrarse con su parte humana."

"Ordeno que se abra la puerta entre los dos mundos para encontrarme con mi animal de poder."

• Atraviese la puerta y podrá observar cómo el animal se coloca frente a usted. No lo fuerce. No use la parte racional. No tenga miedo y permita que el animal se acerque, únicamente haciendo un gesto de reconocimiento. Es hermoso, profundo. Es como si su mente abriera las puertas de un tiempo pasado.

• Muévase usted también en dirección al animal. Extienda suavemente sus manos y establezca contacto. Abrace a su animal, acarícielo.

• Póngase frente a su animal, realice sus preguntas y espere pacientemente las respuestas, que podrían presentarse de forma simbólica. Observe atentamente.

• Para finalizar despídase de su animal agradeciendo las enseñanzas.

• Vuelva hacia el túnel del que salió y retorne a su lugar de reposo.

- Visualícese retornando a su cuerpo.

- Repose durante algunos minutos.

- Vuelva a su lugar de práctica agradeciendo al universo.

- Estudie las respuestas recibidas.

Deje que su animal se presente a usted en lugar de escogerlo. En el comienzo de este ejercicio algunas personas pueden tener dificultad con la interpretación de imágenes. El estudio del animal y la práctica constante permitirán un mejor acceso a esa energía.

En algunas ocasiones podrá aparecer más de un animal. Esté atento pues su Animal de Poder utilizará la forma que mejor llame su atención y que su corazón pueda sentir.

Investigar sobre su animal es una forma de honrar esa comunicación. Mediante ese estudio encontrará explicaciones para muchas cosas de su forma de ser.

La diferencia entre un verdadero viaje chamánico y una ilusión está en la profundidad de la experiencia. Usted penetra en ella, la siente. Podrá también tener sueños con su animal tras esta vivencia.

Reconociendo su tótem observará cómo su energía trabaja. Sentirá a su animal en muchos momentos, en libros, revistas, postales, sueños y visiones. Su conciencia crecerá.

Debe ser muy respetuoso para que ocurra esta relación. La naturaleza tiene modos para comunicarse si nosotros simplemente escuchamos. Los animales son representantes de nuestras mentes inconscientes. Observe cuando un pájaro va frecuentemente a cantar a su ventana o cuando algún animal llama su atención. Estos podrían estar comunicándose con usted, mas solamente con una sutil conciencia usted podrá comprender.

DANZANDO COMO UN ESPÍRITU ANIMAL

Este ritual libera emociones y nos ayuda en la conexión con nuestros ancestros, trabajando con la parte primitiva de nuestra energía, para que podamos comprender mejor la naturaleza. Elimina el estrés y los bloqueos corporales y estimula la creatividad.

Comenzamos con la ceremonia de limpieza ya explicada en la página 118 y continuamos así:

• Comience a respirando profundamente hasta sentirse calmado y centrado. Haga la oración del animal e invítelo para vivir y danzar con usted.

• Empiece a moverse espontáneamente al son de una maraca o tambor a un ritmo de 4 tiempos. Mientras se mueve puede cantar una canción, orar e invitar al animal para danzar con y en usted.

• Muévase en circunferencia en sentido horario. Mentalícese de que las fuerzas del universo están listas para ayudarle: Las 4 direcciones (Fuego, Tierra, Agua y Aire), todas nuestras relaciones, El Reino Animal, El Cielo, El Sol, La Luna, Las Estrellas, Todos Los Reinos. Danzando dará pruebas de su sinceridad y humildad a los Animales de Poder. Danzar es un camino para pedir y evocar la simpatía de los espíritus animales.

• Visualice y sienta cómo el animal se acerca a usted. Mientras danza muévase y vocalice como el animal. Permítale hablar a través de usted y con usted. Podrá sentir esa energía en su cuerpo. Relájese. Si eso ocurre también es normal. Deje que el animal se exprese por sí mismo a través de su danza. Podrá percibirse algunas veces moviéndose y vocalizando como usted mismo y otras como el animal. Sienta las emociones del animal. Ser y ver al animal es un estado chamánico de consciencia. En este trabajo podrá sentir las energías del animal hablando a su corazón y a su mente. Establezca diálogo mientras usted Se encuentre en ese espacio receptivo.

• Observe los símbolos y señales que lleguen durante la danza.

• Cuando termine de gracias a su animal.

En lugar de usar todos los adornos del animal, podemos utilizar una pieza cualquiera para invocar sus fuerzas, una pluma, una cinta o un adorno.

Al principio podrá sentirse un poco rígido, mas dance. Más adelante podrá vencer esa vergüenza ante la presencia y lecciones de su animal. Cuando esté más acostumbrado podrá danzar en grupo, lo que da mayor estímulo y fortalece la danza.

El trabajo debe estar marcado durante todo el tiempo por sonidos de tambor o maraca. La Unión de ambos es todavía más deseable. Una persona puede estar tocando el tambor y el participante la maraca.

Cuando danzamos como los animales, nos colocamos en su misma frecuencia, creamos resonancia y nos alineamos.

VIAJE INTERIOR DE CONEXIÓN CON EL ANIMAL

Comenzamos con la ceremonia de limpieza ya explicada en la página 118 y continuamos así:

• Relájese haciendo respiraciones profundas.

• Pida mentalmente a su animal de poder que proteja su cuerpo durante este viaje. Los guías animales nos pueden ayudar a salir de un ritual, a protegernos en sueños, meditaciones y búsquedas, así como en el mundo real. Antes de comenzar la ceremonia asegúrese de que está preparado para comenzar a comprender el significado de la misma y tomarla con todo respeto.

• Tome con sus manos algo que represente a su animal (tótem). Puede ser una figura, fotografía, dibujo o cualquier otra representación.

• Visualice su conexión con la tierra (puede ser a través de un color, rayo, luz, hilos, etc.).

• Colóquese mirando hacia el Este y camine en forma de círculo en sentido horario hasta el Norte y continúe completando el círculo hasta volver al Este.

• Mirando hacia el Este declare su intención de crecer con su animal, permitiendo que la creatividad y la iluminación entren en usted.

• Mirando al Sur, declare su intención de relacionarse con su animal mediante lazos verdaderos de amor y fe, dejando que fluya el amor entre usted y su animal.

• En dirección al Oeste, permita a su animal ayudarle a entender sus necesidades interiores, de salud, etc.

• Frente al Norte, evoque a la sabiduría, permitiendo que esta guíe sus propósitos, junto con su animal y sus antepasados.

• De nuevo mirando al Este, levante el tótem hacia arriba y declare al Espíritu Animal su intención de amar y de practicar el bien a través de esa relación.

• Coloque su tótem en un altar o sobre el suelo y declare a la Madre Tierra su intención de hacer fluir la energía del planeta a través del tótem.

• Cierre la ceremonia honrando a los elementos, a su espíritu guía, a los mentores espirituales y a los seres que haya sentido durante el ritual.

VIAJE DE AUTOCONOCIMIENTO

Comenzamos con la ceremonia de limpieza ya explicada en la página 118 y continuamos así:

• Diríjase a su espacio sagrado.

• Después de salir del túnel ponga su atención en su tercer ojo y llame a su animal. Una vez haya conectado con su animal dígale que desea ir con él en un viaje espiritual en el que pueda aprender más sobre usted mismo.

• Observe los movimientos del animal y sígalo.

• Cuando vuelva, haga anotaciones de lo sucedido durante el viaje y medite sobre lo que vio.

EJERCICIO DE CURA

La especialidad del chamán tradicional es desplazarse más allá del cuerpo físico. Este viaje transita en los más altos niveles de planos paralelos y otras regiones de este mundo. El vuelo chamánico va más allá de las limitaciones del cuerpo físico.

• Realice la conexión con su animal.

• Diga a su animal que quiere conectarse en varios planos.

• Experimente su cuerpo físico.

• Lentamente, sienta su energía entrando en el interior de su animal.

• Percíbase cambiando de forma. Sienta cada célula de su cuerpo transformándose en animal.

• Vaya hacia el hábitat de su animal.

• Muévase como su animal.

• Preste atención a los sonidos. Experimente la sensación de estar en la naturaleza.

• Sienta el portal que se abre hacia otros reinos.

• Permítase ver lo que necesita ser curado hoy.

• Cure aquello que necesita ser curado, visualizando luces blancas en la zona. Después de eso envíe esa energía hacia el planeta.

• Conéctese con la energía de un chamán nativo y permita que este le muestre cómo se realiza la cura.

• Al finalizar agradezca tanto al chamán como al animal.

RECUPERACIÓN DEL ANIMAL DE PODER

Quienes ya realizan un trabajo con su animal de poder y sus guías, pueden ayudar a otras personas a encontrar sus guías animales.

Michael Harner explica con detalle un método para que cualquier persona pueda ayudar a encontrar el animal de poder a otra:

• El viaje comienza con alguien tocando el tambor (o una grabación) y una persona acostada al lado de otra, de forma que los hombros y tobillos de ambos entren en contacto al mismo tiempo.

• En el viaje hacia el mundo profundo, conecte con su animal guía y pídale que le lleve hasta el animal guía de la otra persona.

• Cuando encuentre al animal de poder del otro, dedique unos momentos a reconocerlo y a agradecerle por aparecer.

• Pregunte al animal por qué esa persona necesita de su contacto y pídale un consejo para ella. Cuando haya comprendido, atráigalo hacia su corazón succionándolo, permitiendo que el espíritu del animal viva en usted. Levante las manos formando una concha y póngase de rodillas en dirección al pecho de la otra persona. Coloque sus manos en forma de concha junto a su corazón y sople al animal en dirección al corazón del otro visualizando cómo entra completamente en su interior. Inmediatamente ayúdelo a sentarse y sople en la coronilla de su cabeza, visualizando que ya entró completamente en todo el cuerpo. Después agite la maraca cuatro veces, sellando la vuelta del animal al cuerpo de la persona y diga: *"Bienvenido de vuelta a casa"*.

• Cuéntele a la otra persona el mensaje recibido. No debe decirle cual fue el animal, dejando que ella lo verifique por sí misma. Así le estará ayudando a profundizar.

ARMONIZANDO ESPACIOS
CON LOS TÓTEMS ANIMALES

Denise Linn, descendiente de los indios Cherokee, en su libro *Sacred Space: Clearing and Enhancing the Energy of Your Home*, ofrece orientación sobre cómo trabajar con tótems en los ambientes. La autora creó una especie de Feng Shui chamánico e, inspirada en la esencia espiritual de los animales, sabe que los tótems pueden ser poderosos guardianes de nuestra casa u oficina.

Afirma, al igual que quienes conocen el chamanismo, que existe algo poderoso y primitivo (herencia ancestral) en la energía del tótem y que esa energía es excelente para proteger nuestro hogar.

Pida a su animal que proteja su casa y convide a su espíritu a vivir allí o en su lugar de trabajo.

Puede colocar pinturas, fotografías o figuras de su animal protector en varias zonas de su casa y alrededores, para aumentar la energía protectora.

PARA SEGURIDAD DE SU CASA

Utilice su tótem (su animal guardián) o bien otro tótem diferente, para la casa. Puede colocar el tótem en diferentes lugares de su hogar.

PARA FORTALECER LA SALUD

Puede utilizar al oso, que está asociado a la salud, así como a la serpiente (consulte el apartado *La Medicina de los Animales* en la pág. 134 para más detalles) o sea, animales que simbolizan la cura física...

Esto puede ser utilizado en salas de terapia.

PARA PEDIR FUERZA Y LIBERTAD

Tanto en su casa como en su lugar de trabajo, puede utilizar al caballo, que está asociado con la belleza, fuerza, libertad de movimientos y resistencia.

PARA CONOCER MISTERIOS

Utilice a la lechuza, el cuervo o el puma.

PARA LA UNIÓN DE LA FAMILIA

Use al lobo, la hormiga, el cangrejo, etc.

TÓTEMS PARA LA ENTRADA DE LAS CASAS

Coloque un tótem que represente la fuerza y el poder. La entrada a su casa es el comienzo de la energía que se encontrará en su interior. Es el espacio más importante. En mi casa, mi tótem se puede ver desde la calle. Linn sugiere que en la puerta de entrada de la casa se coloque un tótem que ayude a establecer las energías que la persona quiere que entre en su hogar.

Pida al tótem de entrada de su casa que la proteja y solamente deje que entren personas de buen corazón.

TÓTEMS PARA LOS DORMITORIOS

Se sugiere el oso, que acumula energías curativas mientras hibernan. Hay un sentimiento insconsciente de esto cuando dejamos a los niños dormir con su oso de peluche. También podemos utilizar peces quienes, por vivir en el agua, representan las emociones, el sueño.

La tortuga, debido a ser la representante de la Madre Tierra, del útero, se utiliza para obtener un reposo profundo y seguridad.

La energía de ciertos animales como el águila y el león puede ser demasiado fuertes para el dormitorio.

Una lechuza u otra ave nocturna es lo recomendado en caso de que quiera colocar un ave.

El delfín y la ballena son excelentes para los cuartos de los niños, pues simbolizan alegría y comunicación.

La serpiente es demasiado fuerte para los dormitorios, aunque si se está pasando por momentos de transformación o cura, puede ser importante su utilización.

TÓTEMS PARA LA SALA DE ESTAR

En las salas de estar se debe utilizar animales comunitarios, como el lobo, el delfín, la hormiga, la abeja, etc. También animales juguetones, como nutrias, monos y otros. Los animales que viven en manada, como los elefantes y otros, mantienen la energía de grupo y amistad.

TÓTEMS PARA CUARTOS DE BAÑO

Sapos, tortugas, delfines, ballenas, peces, focas, cangrejos, para evocar el espíritu del agua, la sensación de vida y naturaleza.

TÓTEMS PARA LOS LUGARES DE TRABAJO

Dependiendo de la actividad que se realice. Vea el próximo capítulo.

LA MEDICINA DE
LOS ESPÍRITUS ANIMALES

ABEJA

Es la medicina de la comunicación y de la organización. Para organizar, fortalecer y armonizar comunidades o grupos de trabajo. Para obtener el néctar de la vida asociado a la sexualidad, las dulzuras de la vida. Simboliza la honra a la gran madre (abeja reina). Es para dar alabanzas a la Madre Tierra. La comunicación entre las abejas es excelente. Evóquelas cuando necesite comunicar sus ideas y opiniones, hacer presentaciones, conferencias, etc.

ÁGUILA

Es la medicina de la visión ilimitada y la iluminación. Para atravesar los límites de este mundo y alcanzar otros reinos, desarrollar poderes chamánicos, ver a distancia y librarse de preconceptos. La medicina del águila amplía la percepción sobre nosotros mismos y nos enseña a enfrentar lo nuevo, lo desconocido. Estimula la creatividad y aclara las ideas. Ilumina la oscuridad de la ilusión, alcanzando un nivel más alto. Inspira la elevación del espíritu a grandes alturas y la visión interior. Eleva nuestras oraciones al Universo. Es el poder masculino elevado. La conciencia elevada.

ALCE

Es la medicina de la resistencia. Para habilidades organizativas y gerenciales. Para establecer prioridades. Para obtener poder, confianza, potencia y autoestima. Para obtener orientaciones en negocios. Para atraer energía. Dar ritmo a las cosas. Energía fraternal. Interacción con personas. Autoconfianza, garra, motivación. Para asumir responsabilidades. Habilidad para delegar. Dar energía, poner en práctica.

ANTÍLOPE

Su medicina es la de la cautela, la del silencio. La consciencia mística a través de la meditación. La acción y la calma. Con él compartimos la disciplina de ser tranquilos y silenciosos. Podemos evocarlo para conseguir un estado de meditación. Su medicina es la sabiduría para poder distinguir cuándo permanecer quieto y cuándo tomar la acción apropiada.

ARARA (PAPAGAYO) [31]

La medicina del arco iris. Para rituales de cura, rezos y para evocar la energía del Sol. Para conectar con el poder de cura de los colores (cromoterapia). Hace de puente entre el Reino de los pájaros y el de los hombres. Ayuda a ser diplomáticos. Es excelente para trabajar la retórica, la comunicación con el público, charlas, clases, presentaciones, etc.

ARAÑA

Es la medicina de la creación. Para comprender mejor la "tela de la vida". Para creatividad e imaginación. Inspi-

---

31 N. del T. Para mantener el orden alfabético que utiliza el autor, cuando sea necesario, llamaremos al animal por su nombre original portugués, con su correspondiente en español entre paréntesis.

ra la visión y el poder para realizar nuestros sueños. Para obtener independencia y coraje para romper las trampas que nos hacemos, sean espirituales o emocionales. Para quebrar la tela de la ilusión, construir nuevos sueños, soñar más y tejer nuestra propia vida.

AVESTRUZ

Su medicina es la seguridad, el centralismo. Para que podamos poner en práctica los conocimientos de otros reinos. Para enfriar la cabeza y dominar los impulsos calmadamente. Para volvernos discretos, invisibles y pasar desapercibidos. Para aumentar el apetito y facilitar nuestro proceso digestivo. Para asimilar nuevos conocimientos con los pies en la tierra.

BALLENA

Es la medicina de los registros, de los recuerdos, de la sabiduría. Protección contra energías negativas y poder físico. El poder de la sabiduría ancestral, de la inteligencia. Los antiguos registros de la Madre Tierra. Para acceder al subconsciente, explorar la historia del planeta, los misterios profundos. La cura del cuerpo físico y el equilibrio del cuerpo emocional. Aliviar tensiones. Para oír, cantar y explorar la individualidad. Para desarrollar la telepatía, la conexión con la mente universal. Para contar historias y recordar las antiguas, sean suyas o las de la humanidad.

BEIJA-FLOR (COLIBRÍ)

Es la medicina del amor, de la suavidad, de la alegría y la claridad. Se invoca para la gracia, belleza, delicadeza, fuerza, pasión… Para aclarar conflictos emocionales y cuestiones relacionadas con el amor. Para la felicidad, buena suerte, cura física. Para abrirse a que el corazón y la mente se muevan en otras direcciones, en momentos en los que son necesarios los cambios. Para atraer más alegría, más colorido y volar en varias direcciones. Para el amor romántico. Es el mensajero de la cura.

BESOUROS (ESCARABAJO)

Su medicina es la del renacimiento. Se asocia con el Sol. Para evocar deidades solares, cambios, nueva vida, transformaciones, protección, revisar aspectos de la vida, autoconocimiento, paz... Para trabajar con vidas pasadas, alineamiento espiritual.

BORBOLETA (MARIPOSA)

Su medicina es la transcendencia y la transformación. Para adquirir conciencia, comprender nuestros sueños y hacer viajes astrales. Para obtener inspiración y transformar momentos complicados en oportunidades de crecimiento y evolución. Es evocada para conseguir ayuda en nuestra evolución espiritual, buscar la transcendencia, la transformación, la libertad y nuevas etapas, ir para adentro y transformarnos, claridad mental para encontrar el siguiente paso.

BÚFALO

Su medicina es la paz y armonía. Se evoca para rezar. Para que nuestros pedidos sean atendidos. Para buscar la paz y buscarnos a nosotros mismos. Simboliza la energía ancestral. Nos ayuda a conectar con la Sabiduría Universal, con nuestro cuerpo mental, nuestro intelecto. Se puede evocar para darnos resistencia en los desafíos de la vida. Resonancia armónica, tolerancia, abundancia, gratitud, alabanza y honra de nuestro camino y el sentido de lo sagrado son también atributos del búfalo. Es el pacificador.

BURRO/JUMENTO

Su medicina es la humildad. Nos ayuda a aprender lecciones. Se evoca cuando precisamos mantener una posición fija o defender una idea. Para paciencia, humildad, despertar nuestro potencial y obtener reconocimiento tras un trabajo duro.

CABRA/CAPRICORNIO

Es la medicina de la determinación para llegar a la cumbre. Para vencer los obstáculos que nos impiden subir, así como las dificultades naturales y poder continuar nuestro camino en dirección a la luz. También se evoca para sensualidad y sexualidad (Pan). Para nutrirse de energía y proporcionar buen humor. Ascender para encontrar al Yo Superior. Nuevos proyectos que exigen esfuerzo. Nuevas ascensiones, nuevos desafíos.

CACHORRO (PERRO)

Su medicina es la de la clarividencia, la sensibilidad. Para estimular la visión del tercer ojo, la capacidad de distinguir entre la luz y la oscuridad, la verdad de la ilusión. Habilidades psíquicas e intuición para captar energías y saber distinguirlas. Ayuda a percibir el aura. Para quienes trabajan con bioenergética, acupuntura, foto kirlian, etc.

CAMELLO

Es la medicina de la tolerancia y la resistencia. Se evoca también para la economía, conservación, administrar recursos y obtener paciencia.

CAMUNDONGO/RATO (RATÓN/RATA)

Su medicina es la introspección, la observación y la agudeza de sentidos. Se evoca para la adaptabilidad. Para tomar conciencia de las pequeñas y sutiles cosas de la vida y apreciarlas. Nos enseña a ser exitosos con actitudes simples, aunque de gran sabiduría y poder, así como también a auto preservarnos. Para observar los detalles.

CANGURO

Su medicina es la de los poderes maternales y el coraje para continuar. Cuando necesitemos sentirnos protegidos y seguros con estabilidad y calor humano. Evóquelo cuando se sienta muy vulnerable. Para nutrir al niño interior. Para cuidar a los hijos.

CANGREJO

Es la medicina del hogar, de la comunidad. Para buscar diferentes soluciones a una situación. Para evocar el poder de la danza, la habilidad para que las emociones fluyan. Para encontrar nuevas formas de proteger nuestro hogar.

CASTOR

La medicina de la construcción, de los nuevos pensamientos, se evoca también cuando necesitamos alternativas y conocimientos para no caer en trampas. Nos ayuda a construir nuevas ideas, nuevos canales de comunicación, nuevas áreas de conocimiento. Para obtener confort y seguridad. Para que las mujeres desarrollen su lado fuerte y los hombres el dulce, para construcción de casas o cualquier otra cosa, poner proyectos en práctica y trabajar en grupo.

CAVALO (CABALLO)

Es la medicina del poder interior, de la acción y de los viajes chamánicos. Se invoca para la libertad del espíritu, fuerza y clarividencia. Es una gran medicina. Nos enseña a llevar nuestra carga con calma y dignidad. Nos enseña que debemos ser siempre libres. Evóquelo para aumentar su poder personal, para acceder a nuestro propio poder. Nos ayuda a encontrar nuestro lugar en el mundo y hacernos independientes. También para nuevos estudios e investigaciones, nuevos proyectos e inicios. Para permitir que nuestro espíritu encuentre su propio ritmo y pueda caminar en la belleza y la gracia. Simboliza el viaje chamánico, la proyección astral. Para el poder en cualquier situación. Nos enseña a compartir los conocimientos aprendidos con los demás.

CAVALO MARINO (CABALLITO DE MAR)

Su medicina es la suavidad. Para que fluyan las emociones, la suavidad, la elegancia, la belleza, la ligereza, las bromas, conquistas amorosas, danzas.

COBRA (SERPIENTE VENENOSA)

Es la medicina de la transmutación, la cura y la sexualidad. Se asocia a la muerte y el renacimiento y su medicina permite que mudemos nuestra vieja piel (viejos hábitos). Para el aumento de la energía sexual, la sensualidad, la cura física, transformaciones, habilidades ocultas y sabiduría ancestral. Es el poder de transformar venenos (energías negativas) en remedios (energías positivas). Elevación espiritual, conexión con la energía kundalini.

CIERVO/VENADO

La medicina de la gentileza y la delicadeza. Su medicina nos ayuda a alertarnos en momentos de peligro y salir delicadamente y con gracia de situaciones difíciles. Para evocar la ternura, la benevolencia y la suavidad. Nos ayuda a tocar, con delicadeza, el corazón de otras personas. Es una energía sutil y penetrante, para trabajar nuestra propia densidad. Establecer una conexión de corazón con el espíritu, traer sensibilidad, adaptabilidad.

CISNE

Es la medicina del galanteo. Para celebrar el amor, guardar y proteger nuestro amor, fidelidad, fe y superar separaciones. Para comprender y aceptar las transformaciones necesarias, así como los acontecimientos de la vida. Esta medicina incluye la gracia, belleza, suavidad, pasión y creatividad romántica. Habilidad para navegar suavemente en estados alterados de consciencia, desarrollar la intuición, premonición y dones proféticos. Para la elegancia y el glamour.

CONEJO

La medicina de la fertilidad y el crecimiento. Para tener hijos e ideas fértiles. Nos enseña a volvernos cuidadosos evitando peligros. Para estar alertas, atentos y conscientes. Para la abundancia, el crecimiento y la prosperidad.

COYOTE

La medicina del optimismo, el humor y la astucia. Para contactar con el niño interior con fe e inocencia. Para tener éxito en la vida. Para cuando necesitamos salir de problemas. Para animación de reuniones y fiestas. Para que podamos reírnos, gastar bromas (es la sagrada irreverencia) y ejercitar nuestro cuerpo. Es considerado el espíritu tramposo, que derriba nuestra seriedad cuando queremos ser demasiado adultos y no nos permitimos expresar las emociones. Para buscar nuestra verdadera esencia.

CORVO (CUERVO)

Es la medicina de los conocimientos mágicos. Para obtener ayuda en las ceremonias, conocer misterios, hacer viajes astrales y trascender las limitaciones del cuerpo físico. Se invoca como mensajero en las oraciones de cura y para dones proféticos. Cambio de conciencia y procesos de transformación.

CÓNDOR/HALCÓN/ÁGUILA ARPÍA/BUITRE

Tienen los atributos del águila. El Cóndor también puede evocarse para muerte y renacimiento, dones proféticos, amor maternal y purificación.

CORUJA (LECHUZA)

Es la medicina de las habilidades ocultas, la sabiduría ancestral, la vigilia. Para descubrir verdades ocultas y misterios. La intuición profunda. Para ayudarnos ante los obstáculos que impiden ejercer nuestras cualidades y habilidades. Para que nuestras capacidades se presenten de acuerdo a la situación. Para la aceptación del lado oscuro de la realidad (sombras). También para la benevolencia. Evóquela cuando quiera conocer el lado sutil de la conciencia y sus áreas inexploradas. Para el discernimiento de lo verdadero, de lo que estamos buscando. Conexión con la Luna. Para conocer las sombras, los poderes psíquicos y las habilidades ocultas. Para observar mejor y prestar atención.

DONINHA (HURÓN)

Su medicina sirve para mirar más allá de la superficie. Para no subestimar ni sobreestimar a los otros ni a las situaciones. Para la intuición y para ser inspirados por poderes sobrenaturales que están dentro de nosotros. Para la determinación, el coraje y la tenacidad. Para el arte del disimulo, de la persuasión. Para saber qué harán nuestros rivales. Poder de observación, de ocultar, de mantener secretos y de la videncia.

ELEFANTE

Es la medicina de la memoria ancestral. Para guiar en los caminos. Inspira amor propio, autosuficiencia, fuerza, longevidad y cura. Para ser guiado en caminos ancestrales. Para tener buena memoria y habilidad para aprender. Para estudios, pruebas y trabajos intelectuales.

ESCORPIÓN

Su medicina es la intensidad. Para tener fuerza, inteligencia y también para la sexualidad. Hace que las cosas se intensifiquen. Para ir hasta el fondo en todo. Instinto de supervivencia.

ESQUILO (ARDILLA)

Es la medicina del ahorro. Para hacer inversiones, proyectos futuros y presupuestos. Para ayudarnos a encontrar objetos perdidos o muy bien guardados. Para conseguir reservas (energía, dinero…). Para conservar solamente lo que es útil, guardar y proteger cosas. Para analizar los detalles necesarios para diversiones, vacaciones y ocio.

FOCA/LEÓN MARINO

Es la medicina de la imaginación y los sueños lúcidos. Para la creatividad, sueños significativos y su recuerdo, así como estimular la imaginación. Para poner la creatividad en acción, inspiración, saber escuchar, imaginación ilimitada y equilibrio emocional. Para conectarse con el reino de las hadas.

FORMIGA (HORMIGA)

Podemos invocar su sabiduría para aprender a construir una sociedad sostenible. Es la medicina de la paciencia, la cooperación y la habilidad para trabajar duro en armonía con los otros. Es el símbolo de la construcción, del trabajo bien hecho, del planeamiento meticuloso y de la resistencia. La hormiga reúne el poder de cuatro animales: la fuerza del león, la organización de la abeja, la agresividad del tejón y el poder constructor del castor.

GAFANHOTO (SALTAMONTES)

Es la medicina de la voz interior. Para que su voz interior le ayude a moverse en cualquier área de la vida.

Para escuchar su propia voz. Para meditación, despertar instintos y saltar obstáculos. Para avanzar.

GAIVOTA (GAVIOTA)

Es la medicina de la búsqueda de la excelencia. Para establecer conexión con el Reino de las hadas y los espíritus del agua. Para trabajar en otras dimensiones. Cambios y nuevas formas de comunicación. Para trabajar en la ecología y tener conciencia ecológica. Para limpiar ciertas áreas de nuestra vida.

GALO (GALLO)

Su medicina es la de la sexualidad y la fertilidad. Para potencializar la sexualidad, elegancia, altivez, en las ceremonias (sociales, espirituales, artísticas, familiares, etc.) y entregas de energía. Es el poder de la voz, protección de la familia y de la comunidad. Escuchar la voz interior.

GAMBÁ (ZARIGÜEYA)

Es la medicina del campo de protección. La habilidad para ver y percibir cosas que otros no ven. Cuando necesitamos cambiar puntos de vista atrasados u ortodoxos. Para quebrar paradigmas. Para aumentar la creatividad y encontrar nuevas formas para hacer lo mismo. Para evitar la violencia y enfrentamientos agresivos. Para establecer límites y no llamar la atención. Para alejar personas que no nos respetan.

GATO

Su medicina es la del entendimiento de los misterios. Siempre asociado con la magia, la sensualidad, intuición e inteligencia. Se puede invocar para la independencia, libertad, habilidad para andar solo, encontrar consuelo y gracia. Para tener visiones místicas.

GIRAFA (JIRAFA)

Es la medicina para ver a grandes distancias. El puente entre lo alto y lo bajo. Cuando tenga que mirar hacia el futuro y ver a las personas desde otra perspectiva. Debe invocarla para entender cómo otras perspectivas afectan a su vida. Para elevar su mente y sus pensamientos. Para tener imaginación para la solución de problemas. Para aclarar la visión y ver anticipadamente lo que está por venir. Para la empatía y simpatía.

GOLFINHO (DELFÍN)

La medicina de la alineación, del amor incondicional y las relaciones armoniosas. Para conectarse con lo profundo de nuestro ser, la cura a través del amor y para propósitos terapéuticos. Su medicina inspira inteligencia, diversión, comunicación, juegos y sociabilidad. Se evoca para la cura, la iluminación del Ser, la pureza, paz, armonía con la naturaleza y conexión con nuestra fuerza vital.

GORILA

Es la medicina de la sabiduría ancestral. Para acceder a nuestra propia sabiduría. Para obtener paz interior, serenidad y tolerancia. Para pedir energía, o fuerza, poder y adaptabilidad. Para actuar con firmeza y poder.

GUAXINIM (MAPACHE)

Es la medicina del poder en nuestra mano, de las prácticas mágicas. Habilidad para disfrazarse, buen humor, juegos y bromas son también sus atributos. Nos ayuda en la producción de espectáculos, presentaciones, comedias, etc. Para darnos versatilidad, poderes místicos, energía y habilidad manual. Para poder comprender nuestras máscaras y nuestro verdadero rostro.

HIPOPÓTAMO

Su medicina es la de la conexión con la tierra y el desarrollo psíquico. Unión del agua con la tierra. Para trabajar con la intuición, emociones y sensibilidad al mismo tiempo que somos prácticos (con los pies en el suelo). Para terminar trabajos de forma eficaz. Para relajarse. Es un camino para los antepasados. Nos enseña a caminar tranquilos siempre y nuestra conexión con todos los seres.

IBIS

Es la medicina del alineamiento. Para conexión con las deidades egipcias. Para entender la sabiduría ancestral y trabajar con la magia.

JACARÉ/COCODRILO

Su medicina es la del inconsciente profundo, de la iniciación. Nos enseña a encontrar buenas amistades y a establecer alianzas con personas diferentes a nosotros. Para transformar energías agresivas en positivas, energía de acción. Para contactar con energías primigenias, reorganización tras el caos (muerte y renacimiento) e instinto de supervivencia. Visión profunda y clarividencia.

JAVALI (JABALÍ)

Es la medicina de la comunicación entre iguales. Se utiliza para evocar la habilidad de sentir el peligro, la expresividad, inteligencia, coraje y protección. Es la habilidad para encontrar la verdad.

KOALA

Su medicina es el movimiento lento. Habilidad para superar obstáculos, para evitar enfrentamientos y desgaste. Para prácticas de yoga y taichi.

LAGARTO

Es la medicina del optimismo y los sueños. Nos enseña sobre el pasado y la supervivencia. Para situaciones en las que no sabemos cierto si debemos transformar alguna cosa. Para obtener coraje e ir hacia adelante en tiempos difíciles. Para dejar las cosas viejas y crear nuevas. Para renovar y adaptarse a lo nuevo. Para obtener claridad en las áreas sombrías de la realidad. Para tener sueños clarificadores y prestarles atención.

LEÓN/LEONA

Su medicina es la del liderazgo, la fuerza, el poder y el coraje. Está asociado al sol. Para los poderes de fuerza, vitalidad, potencia sexual, salud, energía, prosperidad y protección. Para aumentar la autoconfianza. Para momentos en los que tenemos frente a nosotros tareas difíciles y desafiantes. Para tener la osadía y audacia para iniciar algo. Para tener la paciencia necesaria y conseguir que la inteligencia venza al instinto. Cuando necesitamos fuerzas para vencer las limitaciones y bloqueos. Para equilibrar la mente y el corazón, la emoción y el intelecto, el consciente y el subconsciente. Para trabajar con la luz y la oscuridad.

LEOPARDO

Medicina para el estudio de los misterios de nuestras propias sombras. Para comprender mejor el subconsciente, los misterios de la obscuridad, el desarrollo de los poderes ocultos y la sensibilidad psíquica. Para tener más acceso a la mente inconsciente. Para enfrentar nuestras sombras con coraje, fuerza, dignidad y gracia.

LIBÉLULA

Es la medicina de la iluminación, de los vientos y el cambio. Para madurar las ideas, tener claridad mental y autocontrol. Para hacer la vida más ligera, con nuevas perspectivas y cambios. Para conectar con los espíritus de la naturaleza, mirar a través de la ilusión, buscar nuestra propia luz y apreciar las maravillas de la vida. Para el misticismo. Para trabajar con cromoterapia.

LINCE

Su medicina es el secreto, el conocimiento de lo oculto. Para conectar con los misterios ancestrales, la sabiduría oculta, el desarrollo de los poderes psíquicos, la sabiduría intuitiva y utilizar el poder de forma positiva. Utilice esta medicina cuando se sienta atrapado o con mucho peso. Es una medicina muy fuerte. Para volvernos alerta. Para comprender mejor a quienes nos decepcionan. Para comprender el valor del silencio. Se puede evocar para obtener una atmósfera de silencio y concentración. Para comprender cosas importantes sobre sí mismo. Poderes de clarividencia. Secretos interiores.

LOBO

La medicina de la enseñanza, del amor y las relaciones saludables. Para trabajar con nuestros miedos a través de su conexión con la Luna. Ayuda a acabar con nuestras debilidades y pensamientos negativos, que no son productivos. Para eliminar sentimientos y pensamientos que enflaquecen el espíritu. Para defender y conquistar nuestro espacio. Nos enseña a viajar lejos sea física, mental o espiritualmente. También para minimizar conflictos o situaciones tensas. Para la salud, las relaciones familiares, el amor romántico, la maestría, fuerza y habilidades de liderazgo para avanzar y dirigir a los otros y que caminen con usted. Para quien es profesor, instructor, consultor técnico, líder espiritual, etc. Para la visión creativa, sabiduría, acción y fidelidad. Para aprender nuevas cosas y aprendizaje del inconsciente. El lobo es el profesor, el maestro.

LONTRA (NUTRIA)

Es la medicina de la eficiencia. Para que su trabajo se vuelva eficiente y pueda tener tiempo de ocio y diversión. Para la sensibilidad, la intuición y percibir las emociones de los otros. Para comprender el aspecto femenino que está dentro de cada uno (hombre y mujer). Para desarrollar una mejor expresión verbal y elocuencia. Para la creatividad, la capacidad de inventar, improvisar juegos, bromas y fiestas. Para evitar celos y desconfianzas. Para evocar los poderes femeninos.

LOUVA-DEUS (MANTIS RELIGIOSA)

Su medicina es la calma. Para tener sueños reveladores, meditación y concentración. Para apaciguar la mente, los pensamientos, el cuerpo y a otras personas. Estimula los dones proféticos, las terapias alternativas, las prácticas respiratorias y las artes marciales. Introspección y silencio profundo. Cura física y emocional.

MACACO (MONO)

Supone la medicina de la inteligencia, de la comunicación. Para realizar tareas mentales importantes. Para promover el buen humor en fiestas y conmemoraciones. Para la conexión con la irreverencia y la alegría. Para solidificar la amistad, obtener pericia y agilidad.

MINHOCA (LOMBRIZ DE TIERRA)

Es la medicina de la renovación, de la regeneración. Para rejuvenecimiento, regeneración de tejidos y para la piel. Para la autosuficiencia. Transformación, reparaciones, acuerdos, cura y regeneración de malos hábitos.

MURCIÉLAGO

Es la medicina de la iniciación, las habilidades ocultas y los poderes psíquicos. La habilidad para ver en las sombras, en la oscuridad. Para expandir conocimientos intuitivos. Para escuchar nuestros ecos como el murciélago y salir de las confusiones. Cuando necesitamos abandonar viejos hábitos, patrones o comportamientos (muerte simbólica), abriéndonos para nuevas experiencias (renacimiento).

PANTERA / JAGUAR U ONÇA

Es la medicina del coraje, de la liberación de instintos, la sensualidad y el poder. Para la pericia, marcar el territorio (conquistar espacio), eliminar miedos y para facilitar el juicio a distancia. Para visiones y conocimiento interiores, desarrollar la clarividencia y clariaudiencia (escuchar mensajes de otras dimensiones), saber escuchar y sensibilidad. Poderosa energía sexual. Para resolver traumas y bloqueos sexuales, fuerza, protección, disciplina, renacimiento. La pantera negra está ligada a la Luna, símbolo femenino de poder, a la sensualidad, sexualidad y seducción. Nos ayuda a comprender las sombras, las pasiones, los misterios. Elimina miedos y controla instintos e impulsos. El jaguar promueve la interacción entre la mente y el alma. Es el mensajero.

PATO

Es la medicina de la protección maternal, el consuelo y la nutrición energética. Para alimentarse emocionalmente. Para mostrar afecto y cariño. Para equilibrar las emociones con gracia y consuelo. Para lidiar con las diversas situaciones que la vida nos presenta. Está conectado con la Luna.

PAVO REAL

Su medicina es la de la protección física. Para coraje, sensualidad, belleza y exuberancia. Para danzas y piezas de teatro. Para que nuestro cuerpo se mueva de forma suave y sensual y para danzas ceremoniales. Para celebrar la vida. Nos ayuda proporcionando serenidad, paz mental, relajación, autoexpresión y dignidad.

PECES

Es la medicina de lo oculto, la mediumnidad, espiritualidad y mística. Para situaciones en las que se mueven emociones, el psiquismo y transformaciones. El esturión: determinación, sexualidad, profundidad y consistencia. El salmón: fuerza, perseverancia e ir contra la corriente (desafíos), determinación y coraje. El pirarucu[32] (arapaima): sabiduría ancestral.

PELÍCANO

Es la medicina de la comunidad. Para habilidades, cambios sutiles de dirección, imitación, amor y confianza. Ayuda a alcanzar metas comunitarias.

PERÚ (PAVO)

Es la medicina de las bendiciones, la purificación, nobleza y dignidad. Para tomar consciencia de aquello que es sagrado. Iluminación y despertar del Yo superior. Para la compasión, solidaridad. Para cosechar aquello que plantamos [33]. Es símbolo de bendiciones, de la buena cosecha y honrar a la vida. Para alejar a los malos espíritus y energías, así como abrir la tercera visión.

PICA-PAU (PÁJARO CARPINTERO)

Su medicina es la de la limpieza, ritmo y amor curativo. Conexión con un nuevo ritmo, cambios. Para tras-

---

32 Este pez es característico de la cuenca del Amazonas, siendo uno de los mayores peces de agua dulce del mundo, con ejemplares encontrados que superan los 200 kg. Como característica peculiar, dado que habita en aguas bajas en oxígeno, ha alcanzado la capacidad de respirar fuera del agua.

33 Se refiere el autor a plantación simbólica, de amor, relaciones, etc.

pasar límites y crecimiento espiritual. Talento, intuición y dones materiales. Para aumentar la creatividad, crear nuevas imágenes mentales y estimular nuevas actividades. Para tocar o aprender a tocar instrumentos de percusión (tambor, batería, maracas...). Energía de cura manifestada en el rimo del poder del amor. Para cambios y transformaciones rápidos y urgentes. Vibrar al ritmo de la Madre Tierra y de los Espíritus del Trueno. Para inteligencia, pericia y regeneración.

PINGÜINO

Es la medicina de vivir en comunidad y la adaptación a lo nuevo. Para aumentar la sociabilidad, ser feliz con la pareja, fidelidad conyugal y lealtad en los romances. Para preservar las relaciones. Para adaptarse a nuevas situaciones y enriquecer nuestra vida con más relaciones y mejor cualidad de interacción. Para entender la energía femenina en el varón y la paternidad.

PUERCOESPÍN

Supone la medicina de la fe y la inocencia. Para recurrir a las capacidades que necesitamos en cada momento. Simboliza la protección de la no acción. Buena memoria, inteligencia, inspiración para realizar grandes cosas y habilidad para expresarnos de manera original y natural. Humildad, alegría de vivir y poder de la fe. Para liberar al niño interior y conectar con su esencia.

PUMA/LEÓN DE MONTAÑA

Es la medicina del liderazgo, del misterio y el psiquismo. Conexión con otros reinos, mediumnidad, poderes psíquicos. El poder del silencio. Para responsabilizarnos de nosotros mismos. Capacidad de permanecer en silencio y coraje para caminar en soledad. Para comprender y dejarnos llevar por la intuición. Capacidad para asumir responsabilidad. La gracia, la fuerza, la iniciativa, la velocidad y el coraje.

RAPOSA (ZORRO)

Su medicina es la astucia, sutileza y pericia. Para la adaptabilidad, armonización con la naturaleza e invisibilidad (capacidad para no llamar la atención y pasar desapercibido). Para reaccionar rápidamente ante las situaciones que surjan, observar, escuchar y sentir más. Para mejorar la memoria y crear estrategias.

RINOCERONTE

Es la medicina de la sabiduría ancestral. Para vivir de forma armoniosa consigo mismo. Para establecer conexión espiritual mediante rituales y ceremonias. Para establecer alianzas e intercambio de servicios. Para tener satisfacción en nuestras actividades e inspirar los placeres de la vida. Para la salud y longevidad.

SAPO

Es la medicina de la evolución, de la transformación. Para la fertilidad, el amor, los partos. Habilidad para hacer cambios, crecimiento y amor romántico. Para atraer abundancia, creatividad, purificación y limpieza. Para pedir poder de curar. Para limpiar la mente, las ideas y expulsar energías negativas y de mofa.

TORTUGA

La medicina de la estabilidad. Para obtener estabilidad, perseverancia, paciencia, conocimiento ancestral, sabiduría y protección. Para el poder medicinal de la longevidad y la conexión con la Madre Tierra. Para estar en el lugar cierto en la hora cierta. Protección contra la envidia, celos, malas palabras e ignorancia. Experiencia, energía de cura, organización, construcción de edificios...

TATU (ARMADILLO)

Su medicina es la de establecer límites. En situaciones de estrés, la protección de su coraza nos ayuda a establecer límites emocionales. Es un excelente aliado para resistir las injusticias. Se invoca cuando necesitamos conocer nuestros propios límites o poner límites a alguien.

TEXUGO (TEJÓN)

Hay una idea aceptada en el chamanismo que indica que su medicina es la agresividad. Prefiero colocarlo mejor como la energía de la perseverancia, de la lucha por los objetivos. Es agresivo en el sentido de obtener coraje, osadía, iniciativa y dar el primer paso. Nos enseña a no abandonar jamás nuestros sueños. Se invoca para que la frustración no nos impida continuar nuestro caminar. Es bueno invocarlo cuando debamos hablar en público, crear alianzas y relaciones con diferentes tipos de personas y seres.

TIGRE

Su medicina es la de la preparación meticulosa. Para aprovechar las oportunidades que llegan, establecer buenas estrategias y planes, así como tomarnos pausas para estudiar la situación. Nos da valor para actuar con inmediatez, enseñándonos a tomar iniciativa y ser persistentes, independientes y autosuficientes. Para interactuar con cualquier tipo de persona. Para saber cómo aproximarnos lentamente.

TORO

Es la medicina de la fertilidad. Para las pasiones, la sexualidad y el poder. Su medicina también nos ayuda a sacar el espíritu guerrero que hay en nosotros. Da protección contra energías negativas. Poder, liderazgo y potencia.

URSO (OSO)

Su medicina es la introspección y la cura física. Hibernando (poder del silencio y la meditación) en la cueva del oso (subconsciente) podemos encontrar nuevas respuestas a nuestras preguntas. Se evoca para obtener poderes curativos. El oso polar puede invocarse para resistir en un ambiente hostil y traer calor a nuestro corazón. Despierta el poder femenino profundo. En la caverna del oso digerimos las ideas y pensamientos. Es el poder de la cura física.

VICUÑA/LLAMA

Es la medicina de la resistencia. Para superar el materialismo, superar barreras, consolar a otras personas y resistir al frio.

ZEBRA (CEBRA)

Es la medicina del equilibrio. Para obtener equilibrio, claridad sin filtros, seguridad en el camino a seguir y mantener la individualidad dentro del grupo.

ANIMALES LEGENDARIOS

Presentes en los sueños y la imaginación del planeta. Los animales legendarios inspiran a poetas, místicos, profetas, reyes, niños, educadores, psicoterapeutas, escritores y músicos.

CÁNCER

Cangrejo, compañero de la Hidra de Lerna, quien mordió el tobillo de Hércules cuando luchaba contra el monstruo. Hércules lo aplastó con su pie y Hera lo transformó en una constelación con el símbolo de Cáncer.

CENTAURO

Mitad caballo y mitad hombre. Bárbaros y lujuriosos por naturaleza, seres salvajes con carácter bestial gustaban de embriagarse. Representaban la naturaleza salvaje que no puede ser controlada, la anarquía, sexualidad y fertilidad.

El mítico Quirón era médico y educador, el más justo de los centauros. Este centauro inmortal, de la familia de Zeus (hijo de Saturno/Cronos y Filira), no era salvaje ni violento como los demás.

Era maestro de las artes, la guerra, la caza, la adivinación, la música y, principalmente, la medicina. Era quien curaba los males y heridas. Es el mito del curador herido. Accidentalmente herido por una flecha envenenada, pasó su vida con la herida sin cicatrizar. Como era inmortal y su herida no cicatrizaba, podía comprender perfectamente a sus pacientes. Finalmente se liberó del dolor cambiando su inmortalidad con Prometeo. Está caracterizado en la constelación de Sagitario. Simboliza los conocimientos de cura.

CERBERO

El perro de la mitología griega, con 3 cabezas y cola de dragón. Era el vigilante de los infiernos o mundo inferior. Este dejaba entrar a todos los espíritus, pero no permitía que ninguno saliera. Fue capturado por Hércules.

DRAGÓN

Monstruo mítico. Todos ellos eran Dioses solares, símbolos de sabiduría, inmortalidad y renacimiento. Están muy arraigados en la cultura china, influyendo en las artes marciales, vestuario, pintura, poesía, etc. Eran de enorme tamaño y casi todos tenían alas y cuernos. En Oriente es venerado en su forma protectora. Son productores de lluvia y garantizan la fertilidad de los campos. Representan también al Cielo.

En Occidente se representa también como forma maligna (¿ego?), que debe ser vencida (San Jorge o San Miguel, por ejemplo). Podemos encontrarlo en blasones imperiales, defendiendo palacios, etc.

El Dragón representa la potencia y fuerza viril, protección, kundalini, calor, mensajero de la felicidad, fecundidad y fuerza vital.

ESFINGE

Es el gran monumento egipcio, representando a un león con cabeza humana. Hay también una versión griega que tiene senos y cabeza de mujer. Era la guardiana del rey y de los sepulcros.

ELEFANTE BLANCO

Utilizados también como amuletos de la suerte y prosperidad en Oriente, representa fuerza, bondad, elección de caminos, conexión con extraterrestres y misterios.

FÉNIX

Se representa con plumas doradas y rojas, asemejándose a un águila. Los árabes cuentan que unos pocos llegaron a este mundo y que eran grandes como el águila, con cuello dorado, cuerpo rojo, plumas de color rosa y cola azul. Es el animal sagrado del Sol.

Su mito se extendió hasta Egipto, China y Grecia, expandiéndose por el mundo entero.

Tras una larga vida (1.000 años), el Ave Fénix se consume a sí misma a través del fuego y renace de sus propias cenizas. Es el símbolo por excelencia de la resurrección, la inmortalidad del alma, la elevación y la purificación.

GARUDA

Los hindúes rinden culto al Pájaro Divino Garuda. Se evoca como matador de serpientes (nagas). En algunos casos transporta a Vishnu en sus hombros.

GRIFO/GRYPHON

Cabeza y alas de águila, cuerpo y cola de león. Simboliza el dominio del cielo y la tierra, la inteligencia y el vigor. Este mito aparece en Persia y Grecia. Podemos encontrarlo en el Arcano *La Rueda de la Fortuna* del Tarot.

HIDRA DE LERNA

Monstruo de varias cabezas (humanas). Se decía que por cada cabeza que se cortaba surgían dos. Fue muerta por Hércules.

MINOTAURO

Cuerpo de hombre y cabeza de toro, hijo de la Reina de Creta Pasífae con un toro blanco de Poseidón, fue escondido por Dédalo en el laberinto.

El Minotauro comía carne humana y a él se entregaban vírgenes y mancebos en sacrificio, anualmente. Fue vencido por el héroe Teseo.

PEGASO

El caballo alado, hijo de Neptuno y Medusa. Nació de la sangre de Medusa, cuando Perseo le cortó la cabeza. Perteneció al héroe Belerofonte, ayudándole a matar a Quimera y a derrotar a las Amazonas. Cuando Belerofonte murió, Pegaso volvió al Olimpo donde Zeus le encomendó traer nubes de tempestad, lluvias y rayos. Tenía las alas doradas y donde golpeaba con sus cascos surgían fuentes de agua. Representa la fecundidad, la poesía, la belleza, la espiritualidad, el vuelo de la conciencia y la imaginación. Los caballos alados simbolizan el deseo de elevación, transformación, nuevas aventuras, misterio y fascinación.

QUIMERA

Cabeza de león, cuerpo de cabra y parte inferior de dragón. Se representa también como león con cabeza de cabra. Vomitaba fuego. Era un símbolo del mal. Personifica la ilusión, la utopía. Según Blavatsky era la representación de un volcán.

SÁTIRO/FAUNO

Divinidad de los bosques y montañas. Medio hombres medio carnero. Impulsivos, se destacaban por su lujuria, el gusto por la danza y el vino. Son símbolo de la compulsión sexual masculina; vivían persiguiendo a las ninfas con su insaciable deseo sexual. Representan el libertinaje, la diversión y las fantasías sexuales.

Pan, cuyo nombre significa "todo", sátiro, es la divinidad protectora de los pastores y los rebaños. Asustaba a los hombres con sus bruscas apariciones (dio origen a la palabra pánico). Personificaba la fecundidad y la potencia sexual. Creó la flauta Pan.

SIRENA

Según la mitología griega, en un principio eran grandes aves con cabeza de mujer, quienes habitaban en una isla y que, con su encanto, atraían a los marineros hacia los arrecifes. Como algunos héroes consiguieron escapar a su encanto, se sintieron avergonzadas por haber sido vencidas y se arrojaron al mar, siendo descritas posteriormente como criaturas mitad pez y mitad mujer. En la mitología brasileña su correspondiente es Iara, que con su canto atrae a los hombres al fondo de los ríos.

THUNDERBIRD/PASSARO-TROVAO (PÁJARO DEL TRUENO)

Entre los nativos norteamericanos, el pájaro trueno es un espíritu poderoso. El relámpago brilla en su pico y sus alas crean el trueno. Frecuentemente se ve acompañado por espíritus pájaro menores. Se representan como águilas o halcones. Es el representante del tótem del elemento fuego en la Rueda Medicinal.

UNICORNIO

Cuenta la leyenda que el primer unicornio llegó de los cielos montado en una nube. Su cuerpo se asemeja al de un caballo con patas de antílope y un largo cuerno en forma de espiral en el medio de su cabeza. Se describe como un animal al que gustan mucho los niños y que es tan veloz que no puede ser atrapado vivo. Para atraparlo era necesario que fuera atraído por una virgen, pues es amante de la pureza y la inocencia. La virgen lo atraía, lo abrazaba y acariciaba y así caía en la trampa de los cazadores. Su energía está conectada con la de Jesús y es cantado en los Salmos de David. Su único cuerno simboliza que *Él y el Padre son uno solo.* Simboliza la rapidez, mansedumbre, pureza, salvación y espiritualidad.

GUÍA PARA DIVERSOS TEMAS

De acuerdo con el tema con que esté trabajando en cada momento, podrá contar con la ayuda de la esencia de los talentos de los diferentes animales en sus meditaciones y evocaciones.

- Abundancia[34]: búfalo, conejo, rata.
- Acción: alce, antílope, caballo.
- Adaptación: ciervo, coyote, gorila, rata, sapo.
- Administración de recursos: camello.
- Afecto (aumentar): cuervo, lobo, pájaro carpintero.
- Alcanzar otros reinos: águila, colibrí, lechuza, cuervo, foca, gaviota.
- Alegría: colibrí, coyote, halcón, nutría, mono.
- Alivio a un corazón roto: lobo.
- Ambición (aumento): serpiente venenosa, halcón, lagarto.
- Amor (aumentar): colibrí, delfín, lobo, pájaro carpintero.
- Amor propio/autoestima: alce, lechuza, hormiga, mapache, lobo.
- Amor romántico: colibrí, caballito de mar, cisne.
- Apetito (aumentar): avestruz.
- Apetito (disminuir): mariposa, coyote, hormiga, tortuga.

---

34 N. del T. También en este apartado respetamos el orden alfabético en portugués. Cuando no coincida con su traducción en español, esta se ofrece entre paréntesis y letra cursiva.

- Astucia: zorro.
- Aumentar creencias: cuervo, ganso, pájaro carpintero.
- Autocontrol: búfalo, serpiente venenosa, ganso.
- Calma: antílope, hormiga, tortuga.
- Claridad: águila, colibrí, mariposa, búfalo.
- Clarividencia: camaleón, caballo, cocodrilo, lince.
- Comunicación: abeja, águila, mariposa, búfalo, delfín.
- Comunidades (armonizar): abeja, cangrejo, hormiga, periquito.
- Conexión con la realidad: canguro, hormiga, tortuga.
- Confianza: alce, coyote, puerco espín.
- Conocer las sombras: lechuza, cuervo, leopardo, murciélago.
- Conocimientos mágicos: cuervo, lechuza, ibis, jaguar/onça.
- Conquistas amorosas: colibrí, caballito de mar, cisne, lobo.
- Conciencia espiritual/mística: águila, antílope, cisne, lechuza, lince, pez, puma, oso.
- Construcciones: abeja, castor, hormiga, tortuga.
- Coraje: halcón, león, puma, lobo, tortuga.
- Crecimiento: conejo.
- Criança (*niño*) interior: canguro, coyote.
- Crear raíces. Ganso.
- Creatividad (aumentar): águila, araña, mariposa, ciervo, puma.
- Cromoterapia (evocar para): guacamayo, camaleón, luciérnaga.
- Cura emocional: ballena, coyote, lobo.
- Cura espiritual: águila, cisne.
- Cura física: colibrí, serpiente venenosa, león, oso.

- Cura mental: búfalo, caballo.
- Danza: cangrejo, flamenco, pavo real.
- Dar chao (tomar tierra): ganso, tortuga, oso.
- Decisión: ganso, oso.
- Desapego: alce, serpiente venenosa, lobo.
- Determinación: cabrito, gaviota.
- Discreción: avestruz.
- Economizar: camello, ardilla, hormiga.
- Eficiencia: abeja, hormiga, nutria.
- Energía: águila, ciervo, halcón, lagarto.
- Entrega: alce, pájaro carpintero, tortuga.
- Felicidad: colibrí, pavo real.
- Fertilidad: conejo, sapo, tortuga, toro.
- Firmeza: gorila.
- Flexibilidad: jaguar, pantera.
- Fluir emociones contenidas: coyote, pájaro carpintero, puma, sapo.
- Fuerza: caballo, hormiga, león, puma, tigre.
- Fortalecer grupos de trabajo: abeja, hormiga.
- Gratitud: búfalo.
- Habilidad para aprender: elefante, lobo.
- Habilidades psíquicas: camaleón, lechuza, lince, murciélago, puma.
- Harmonía: búfalo.
- Humildad: burro.
- Iluminación: águila, delfín.
- Imaginación: araña, foca.
- Independencia: caballo, elefante, lombriz de tierra.
- Inteligencia: ballena, búfalo, gato, delfín. mono, raposa.
- Inspiración: águila, mariposa, jirafa, puerco espín.
- Intimidad (aumentar): serpiente venenosa, pantera, pájaro carpintero.
- Intuición: águila, búfalo, cisne, halcón, gato, puma, oso.

- Justicia: alce.
- Liberar vicios: serpiente venenosa, lagarto, tortuga.
- Libertad: águila, colibrí, mariposa, caballo, coyote, delfín.
- Liberarse de envidias/celos: lobo, pájaro carpintero.
- Liberarse de prejuicios: águila.
- Liderazgo: león, puma, toro.
- Límites (establecer): lobo, zarigüeya, ganso, tortuga, armadillo.
- Limpieza/purificación: nutria, mapache, sapo.
- Librarse de ilusiones: águila, araña.
- Librarse de viejos hábitos: serpiente, lagarto, murciélago.
- Longevidad: elefante, rinoceronte, tortuga.
- Luna (evocar su energía): cángrejo, lechuza, lobo, pantera.
- Luz en la desesperación: águila, colibrí, conejo, lobo.
- Madre Tierra (evocar su energía): pavo, pájaro carpintero, tortuga.
- Máscaras (comprensión): camaleón, mapache.
- Meditación: antílope, escarabajo, mantis religiosa.
- Mejorar relaciones: águila, coyote lobo, pájaro carpintero.
- Memoria: ballena, elefante, puerco espín.
- Misterios profundos: ballena, lechuza, dinosaurios, gato, puma.
- Motivación (aumentar): águila, alce, halcón.
- Nuevas etapas: mariposa, caballo, lagarto.
- Nuevos desafíos: cabrito, caballo.
- Nuevos pensamientos: águila, castor, caballo.
- Observar detalles: hurón, ratón.
- Organización: abeja, hormiga.

- Optimismo: coyote.
- Paciencia: antílope, camello, hormiga, tortuga.
- Para sociabilizar: mariposa, ciervo, cuervo, nutria.
- Paz: búfalo, delfín, gorila, paloma.
- Perdón: cuervo, lobo, oso.
- Persistencia: hormiga, tejón, tigre.
- Persuasión: coyote, hurón, zorra.
- Poder: gorila, león, pantera, tigre, toro.
- Poder maternal: canguro, cangrejo, hipopótamo, pato.
- Potencia: alce, conejo, gallo, león, tigre, toro.
- Prioridades (establecer): alce.
- Prosperidad: conejo, león.
- Protección: águila, zarigüeya, león, toro.
- Protección del hogar: cangrejo, gallo, pájaro carpintero.
- Quietud en la ansiedad: hormiga, tortuga, oso.
- Raciocinio: búfalo, lechuza.
- Rejuvenecimiento: serpiente, lombriz.
- Relajación (tener la cabeza fría): avestruz, hipopótamo.
- Resistencia: alce, caballo, camello, toro.
- Retórica/conferencias: abeja, papagayo, delfín.
- Sabiduría: águila, ballena, búfalo, serpiente, lechuza, lagarto.
- Salir de la depresión: águila, halcón.
- Seguridad: perro, canguro, castor, león, lobo, puma.
- Sensualidad: mariposa, gato, pantera.
- Sexualidad: cabra, serpiente, conejo, gallo, lobo, pantera, toro.
- Simpatía: ciervo, nutria, mono.
- Sol (invocar su energía): águila, loro, escarabajo, león, lagarto.

- Sueños (aumentar): águila, araña, coyote, lechuza, lobo, oso.
- Sueños (comprender): mariposa, foca, lagarto, mantis religiosa.
- Sueños (recordar): foca.
- Sueños (poner en práctica): araña, avestruz, caballo.
- Suavidad: colibrí, caballito de mar, ciervo, cisne.
- Telepatía: ballena, delfín.
- Terapias holísticas: mariposa, camaleón, mantis religiosa.
- Tolerancia: camello, ciervo, cuervo, nutria, pájaro carpintero.
- Toma de decisiones: águila, alce, serpiente, ganso, león.
- Trabajos pesados/manuales: camello, burro, hormiga, toro.
- Tradiciones (rescatar): ballena, búfalo, jaguar, lince, leopardo.
- Transformación: todos.
- Vencer obstáculos: cabra, elefante, saltamontes.
- Viajes astrales: águila, colibrí, mariposa, caballo, cuervo.
- Vida (comprensión): araña.
- Videncia: lechuza, cocodrilo, hurón, gato.

LO QUE NO LE GUSTARÁ SABER SOBRE LOS ANIMALES

Quisiera tener palabras para poder, en este momento, expresar mi sentimiento hacia lo que los humanos hemos impuesto a nuestros hermanos animales. Hay cosas que las palabras no pueden expresar o transmitir con la suficiente claridad y que solamente personas dotadas de una especial sensibilidad y un elevado grado de amor pueden comprender. Los animales son mucho más que seres irracionales y sin emociones que tienen como misión de vida la de servir al hombre.

Durante siglos, los hombres, sea por cuestiones alimentarias, religiosas, etc., vienen cometiendo una serie de atrocidades con el mundo animal, muy diferentes a las prácticas nativas.

Quiero describir algunas de estas prácticas, extraídas de información aportada por entidades como SUIPA[35] (Sociedad Unión Internacional Protectora de los Animales), Greenpeace, APASFA y otros organismos que se implican verdaderamente con la Creación:

†

"Cerca de 12 millones de animales silvestres son sacados de las selvas brasileñas para ser vendidos (es la segunda causa de destrucción de la fauna después de la desforestación).

---

35 N. del T. Organización internacional en defensa de los animales afincada en Río de Janeiro.

¿QUÉ HACER?

No tenga más animales salvajes en casa (monos, papagayos…). Tener estos animales supone sacarlos de su hábitat provocando perjuicios a la naturaleza y sufrimiento al animal. Incentiva a los cazadores. Solamente 1 de cada 10 animales capturados sobrevive.

Vendedores sin escrúpulos colocan a las aves en pequeñas jaulas, provocándoles atrofia muscular y dolores. Llegan a dejarlos ciegos, darles bebidas alcohólicas o cortarle los tendones bajo las alas para que parezcan mansos.

†

Millones de animales son mutilados, quemados, envenenados y expuestos a la acción de gases en experimentos ya arcaicos e innecesarios, por fabricantes de cosméticos y productos de higiene y limpieza que abastecen los supermercados que usted visita.

Los productos son testados en animales. Según la SUIPA, los fabricantes aseguran que esos tests son para garantizar la seguridad de sus productos, como modo de limitar su responsabilidad en caso de alguna acción judicial. Productos comprobadamente tóxicos son puestos en el mercado sin importar el número de tests. En Inglaterra, en 1988 fue prohibido el uso de experimentos en animales para fabricación de cosméticos.

¿QUÉ HACER?

Pida información más detallada en asociaciones protectoras de los animales. El dolor de los animales es extremo. Se les mutila, quedan ciegos, sus pieles son arrancadas, raspadas, heridas. Después se les mata para verificar el efecto interno de las sustancias.

Una de las pruebas utilizadas para medir la toxicidad es la llamada LD50, la cual se realiza con 200 o más animales. En estas pruebas los animales sufren dolores horribles, convulsiones, diarreas, supuración, sangrado en ojos y boca... Aproximadamente la mitad mueren durante el experimento y el resto son matados a su finalización. Los animales son expuestos a cantidades desorbitadas de sustancias proporcionalmente imposibles de ser ingeridas por el ser humano de forma accidental. La SUIPA sugiere las siguientes alternativas a la experimentación con animales:

- Simulaciones por computador.

- Utilización de células cultivadas in vitro para el estudio de toxicidad o irritación.

- Utilización de ojos humanos, procedentes de bancos de ojos o de las membranas de huevos de gallina.

- Utilización de tejidos humanos procedentes de biopsias, como el laboratorio Pharmagene, en Inglaterra.

Según la SUIPA, los fabricantes podrían utilizar ingredientes orgánicos, naturales y reconocidamente seguros.

¡Proteste! Haga llamadas y/o envíe emails a los fabricantes de productos. Intente enterarse de cómo se realizan los experimentos y si descubre que se hacen con animales, no vuelva a comprar ese producto y haga que el fabricante se entere de su decisión. Los teléfonos de atención al cliente se encuentran normalmente en las etiquetas del producto. Muestre el poder del consumidor.

✝

Los rodeos[36], tan de moda, son un espectáculo de tortura, crueldad y malos tratos a los animales.

Muchos animales reciben un doloroso estímulo en el escroto cuando salen a la arena. Clavos, piedras y objetos puntiagudos se colocan en los cubículos de los animales. Se les azuza con espuelas puntiagudas en la región del bajo vientre, así como también en el cuello, provocando lesiones.

También se les aplica shocks eléctricos o mecánicos en las partes más sensibles antes de salir al ruedo. En ocasiones se les colocan guindillas o sustancias abrasivas en su cuerpo. Todo ello para dar un mejor espectáculo al público.

¿QUÉ HACER?

Buscar formas más creativas de ocio. Procurar dar mayor interés a la belleza y gracia del animal en lugar de dárselo a verlos torturados y feroces.

También puede informar a las organizaciones protectoras, como la SUIPA, cuando haya un rodeo en su ciudad y comunicar por escrito su indignación ante ello. Igualmente informando a sus conocidos, que tengan intención de asistir a rodeos, de la crueldad con que se trata a los animales.

---

36 Esto rodeos son al estilo del clásico espectáculo norteamericano en el que los participantes cabalgan sobre toros y potros salvajes principalmente.

✝

La "Farra de boi" [37] *es un espectáculo sangriento que hace que las personas disfruten con el placer de torturar.*

Este acontecimiento, realizado principalmente en Santa Catarina, al sur de Brasil, consiste en realizar crueldades a decenas de animales. Generalmente se realizan en Semana Santa pero algunas comunidades realizan esta fiesta absurda para conmemorar bodas, cumpleaños y otros días especiales.

El buey sale de su establo y se conduce a través de las calles, donde se le persigue con palos, piedras, navajas y lanzas. Le hieren, le cortan el rabo y finalmente, una vez muerto, su carne se reparte entre los participantes.

¿QUÉ HACER?

Lo mejor sería detener a los organizadores, pero el recurso que nos queda es protestar esperando que las autoridades del estado tomen medidas al respecto. En la página web de la Sociedad Mundial para la Protección Animal, se cita el comentario de un importante historiador local, Rodrigues Cabral, que definió la *farra de boi* como "un caso de policía…" y también según el folclorista Frankling Cascaes, *"es un vampirismo medieval"*.

Según informaciones proporcionadas por la SUIPA, en su portal de internet, cada día recogen entre 20 y 30

---

37 Su traducción literal es "festival de los bueyes". Se realiza principalmente en el estado de Santa Catarina, en el sureste de Brasil y consiste en la tortura y matanza de forma cruel de centenares de bueyes en varias comunidades de esa región. En principio se realizaba en Pascua y año nuevo, pero actualmente se realiza también con ocasión de bodas y otro tipo de celebraciones privadas.

animales. A veces camadas enteras recién nacidas y hembras preñadas. También están aquellos que se cansan de sus animales y los entregan a la entidad.

El futuro de los animales abandonados es la *"carrocinha"³⁸*, que continúa activa en muchos municipios. Esta recoge a los animales de las calles, así como aquellas mascotas que los dueños abandonan. En la calle, los funcionarios cazan con lazo a los animales, hiriéndolos en muchas ocasiones y después estos son depositados en salas hacinadas y sin higiene, compartiendo el espacio con sujetos muertos. Como regla general los animales permanecen en estos centros durante 3 días, período tras el cual, si nadie los reclama, son sacrificados cruelmente o enviados para ser usados como cobayas de laboratorio. La gran solución es la concienciación de la responsabilidad que supone tener un animal en lo que se refiere a los cuidados de vacunación, identificación en el collar y no dejarlo suelto en las calles.

El ámbito de las mascotas está dominado por intereses financieros. Muchos criadores de animales de raza estimulan cruces de individuos que sirven de matriz, vislumbrando un lucro garantizado. Los cachorros que nacen con problemas congénitos son sacrificados en secreto para no manchar el linaje del pedigrí. La agresividad de los pitbulls es resultado de la manipulación humana, que visualizó un animal ágil y violento. La arrogancia llega a tal punto que creemos que es posible jugar a crear especies a nuestro antojo. El resultado es conocido.

---

38 N. del T. Agencia de control de animales abandonados o salvajes. Se conoce como carrocinha o pequeña carreta, que es un camión que transporta una enorme jaula en la que se depositan estos animales para su transporte a los centros en los que generalmente son eliminados.

En todo el mundo el ser humano ha cometido barbaridades con los animales. Osos, tigres, monos, cocodrilos, elefantes, etc. El famoso discurso del jefe Seattle dice que *"si los animales se acabaran, el hombre moriría en una gran soledad espiritual. Porque todo lo que sucede con ellos acontece después al hombre. Todo está relacionado entre sí."*

En la página web de Animales S.O.S hay un artículo titulado *Circos, la crueldad tras la risa* que denuncia cómo los animales usados en los circos son sometidos a golpes, agujas que dan descargas eléctricas y otras herramientas para que realicen sus proezas.

Algunos animales son forzados a viajar miles de kilómetros, tal y como ocurre con los tigres, siendo transportados en pequeñas jaulas.

Los elefantes viven hacinados en espacios sucios, frecuentemente expuestos al sol y altas temperaturas, siendo forzados a aprender cosas antinaturales para su especie, bajo amenaza de castigo. Son amarrados con argollas en los ojos, tronco y patas. Látigos, argollas apretadas y bozales son habituales en los entrenamientos. Algunos elefantes pasan toda su vida encadenados; a veces los domadores utilizan descargas eléctricas para hacerlos obedecer.

En el libro de Henry Rincling *Los Reyes del circo*, el autor nos relata cómo los felinos son amarrados a sus soportes y las cuerdas se enrollan en sus gargantas para bloquearlas hacia abajo. Trabajan por puro miedo. Los osos pueden ver quebrado su hocico durante el entrenamiento o sus garras quemadas para enseñarles a permanecer en pie.

Cita el artículo que los primates que viven en los circos muestran comportamientos similares a niños que han sufrido de abusos. Se automutilan, se chupan el dedo y muestran signos de depresión.

Otro aspecto sombrío de los circos, que ha sido acompañado por la prensa, es el referido a ataques de animales que escapan de sus jaulas. ¿Qué podemos esperar de un animal maltratado y muchas veces privado de alimento? Cuando esto ocurre, los animales son siempre sacrificados. Ya existen circos en los que no se usan animales, como el Circo Popular de Brasil, del actor Marcos Frota y el Circo Ahbaui.

Las peleas hacen que los animales protagonicen un espectáculo sangriento. Los animales pelean hasta morir. Son entrenados para matar.

Algunos de estos entrenadores de animales de pelea le inyectan drogas para mejorar su actuación. El pitbull es considerado el mejor perro de peleas debido a su agresividad, tolerancia al dolor y habilidad en la lucha. A estos perros se les entrena con ejercicios físicos como correr en cintas, tirar de pesos, morder objetos y soportar corrientes. Generalmente se les enseña, todavía cachorros, a morder y matar gatos suspendidos en jaulas. Hacen cualquier cosa para que su agresividad se descontrole.

Los gallos de pelea son equipados con espolones metálicos bien afilados en sus patas. Los canarios son estimulados a pelear por la hembra hasta morir.

†

ALIMENTACIÓN
¿SERÁ ESTO COSA DE SERES HUMANOS?

Fuente: revista Humanus – El ritual de la carne

"La grandeza de una nación puede ser valorada por la forma como son tratados los animales"

GANDHI

Respetando el derecho de que cada uno obre en conciencia, no quiero tratar aquí de la opción alimentaria de cada uno, pero sí de la forma en que los alimentos llegan a sus consumidores.

Las aves permanecen en espacios extremadamente abarrotados a tal punto que no pueden casi moverse, llevándolas a la desesperación. Llega a tal punto en que, enloquecidas, se atacan las unas a las otras a picotazos, hiriéndose e incluso a veces llegando a devorar partes de sus cuerpos.

Los cerdos se agrupan en establos o jaulas individuales. Su sensible olfato es agredido por el brutal olor de las heces y sus patas se hieren debido al contacto con el metal. Algunos mueren inmovilizados, negándose a comer o beber, otros se atacan entre sí, mutilándose los rabos (muchos criadores cortan el rabo de los animales para evitarlo).

En la cría intensiva del cerdo se evita que el cerdo haga ejercicio para mejorar la calidad de la carne.

La producción del famoso baby beef[39] obliga a los becerros a permanecer alejados de las madres desde el primer momento de su vida, desprovistos de su leche y confinados en recintos en los que son alimentados a base de pienso compuesto. Se desesperan por no poder mamar, que es el instinto más fuerte de todos los mamíferos en sus primeros meses de vida. Algunas empresas les proporcionan un chupete de caucho colocado en su jaula.

Para que la carne esté tierna, los ganaderos inmovilizan a los animales para que sus músculos no se endurezcan. Se les impide caminar o jugar y sus apretadas celdas no les dejan siquiera lamerse el cuerpo para aliviar el picor, acostarse o estirarse. Portan cadenas en el pescuezo que les impiden girar la cabeza para los lados. Y según van creciendo, engordan, agravándose su sufrimiento con ello. Para que su carne sea blanca, se les limita el hierro en la alimentación haciendo que algunos ejemplares no puedan soportarlo y mueran antes de ser llevados al matadero, una verdadera tortura hasta alcanzar los 100 kg, que generalmente alcanzan con cuatro meses de sufrimiento.

El ganado de leche recibe un suplemento hormonal para que su producción sea mayor. A las vacas se les retiran los terneros y su leche es extraída mediante aparatos de succión. Después de un tiempo sus ubres se hinchan y sangran, incorporando restos de sangre y pus a la leche, que posteriormente será pasteurizada. Estas malas condiciones de vida llevan a las vacas a tener una existencia media de unos 5 años cuando su vida natural es de alrededor de 25.

Millones de pollos, pavos, gansos, bueyes, corderos, cabritos, cerdos, etc., son matados diariamente para aten-

---

39 N. del T. Corte fino del lomo de la res vacuna.

der las exigencias del mercado de la carne. Algunos estudios muestran que, en 1997, solamente en los EEUU, se mataban 9 millones cada día.

En algunos *mataderos modernos* se deja a los animales en ayuno durante 24 horas, con "derecho" a agua.

En el momento de su muerte, pasan por un pasillo que se va estrechando hasta que llega a un lugar llamado punto de desensibilización. Aquí el animal recibe un disparo con una pistola neumática (estilete o aguja), que corta su médula espinal, produciendo el desmayo y caída del animal. En otros mataderos más pequeños, la muerte se produce mediante un golpe con una maza en la cabeza.

Tras su caída, se les cuelga con cadenas y se les corta la vena carótida para producir el sangrado. Después se insufla aire bajo la piel para facilitar su despegue y finalmente se les abre el abdomen para retirar las vísceras y proceder al corte.

La sangre recogida se utiliza para hacer harina de sangre con la que se alimentará a otros animales.

A los cerdos se les mata mediante choque eléctrico. Se les impone un ayuno para limpiar el sistema digestivo. Pasan por un pasillo donde se les rocía, mojándolos totalmente. Al final del pasillo reciben una descarga eléctrica en el cuello y posteriormente son colgados y sangrados.

Las aves, que llegan en jaulas, también permanecen sin comer y son colgadas cabeza abajo, recibiendo un choque eléctrico y siendo sangradas por el paladar (algunas mueren asfixiadas con gas carbónico).

El famoso pavo de Navidad (colaboración de Beatriz Medina), supone que, solamente en el Reino Unido se mata a 16 millones de especímenes durante el período navideño. Se cría de forma intensiva, engordándolos en criaderos sin paredes o en jaulas para pollos, en espacios sin ventanas y mal iluminados. Se usa la penumbra para evitar la agresividad entre los animales. Debido a la falta de espacio, se hieren las patas, el lomo y pechuga. Se estima que el 7% muere en los recintos, el 20% ven como su pico es arrancado con una cuchilla ardiente para reducir las heridas. Se les saca de sus recintos y se les cuelga boca abajo en unos ganchos ubicados en línea de producción. Los pavos, que pesan hasta 28 kg, son colgados por las patas durante unos 6 minutos y después electrocutados mediante un baño de agua electrificada. Tras esto se les corta el cuello y se les sumerge en un baño de agua hirviendo para sacarles las plumas. Según algunos estudios, alrededor de 35.000 pavos son sumergidos cada año en esta agua hirviente todavía vivos.

El paté de hígado de oca (foie gras), que satisface a los más refinados paladares, es responsable de la tortura y muerte de alrededor de 10 millones de ejemplares por año. Se les somete a varios días de alimentación forzada, en pequeños compartimentos. Los trabajadores de la industria del paté agarran a sus aves por el pescuezo y les introducen embudos y tubos metálicos por la garganta, entre 20 y 30 centímetros, llegando hasta el estómago. Entonces les introducen mediante bombeo, pienso de maíz cocido que, en ocasiones lleva mezclada grasa de cerdo o de otros gansos, con sal. Se les introduce 3 kg de este alimento, lo que equivale a unos 13 kg de pasta diarios para un ser humano. También suelen poner un anillo elástico apretado en el cuello del animal para que no regurgiten la comida.

Tras cuatro semanas de alimentación forzada, los patos y gansos son matados. La mayor parte de sus hígados se encuentra hinchada entre 6 y 12 veces su tamaño normal. En sus últimos momentos de vida, los animales no consiguen siquiera caminar.

Un grupo de veterinarios de Nueva York firmaron una declaración para abolir la producción de paté dado que, según ellos, procede de una enfermedad hepática además de suponer una crueldad extrema. La producción de paté ha sido paralizada en Alemania, Dinamarca, Noruega y Polonia.

Solamente los machos se utilizan para producir paté, dado que sus hígados son mayores. A las hembras se las mete en bolsas de nylon sumergiéndolas en balsas de agua caliente. A las que sobreviven se las mata a golpes contra el borde de las balsas.

Se trata de una industria cruel sustentada por personas que afirman tener un "fino paladar".

Según la ley, los bueyes deben ser abatidos mediante procedimientos humanitarios, basados en la insensibilización previa a la muerte. Uno de los métodos más extendidos es el de la pistola de aire comprimido. La legislación tiene en cuenta el hecho de que los animales intuyen su muerte, a través del olor a sangre de su especie, y sienten miedo. No todas las empresas tienen esta consideración.

Existe un ritual llamado Kosher, que es una forma religiosa de matar animales utilizada por los judíos que proviene de los tiempos anteriores a Cristo, donde al buey se le cuelga vivo con cadenas en las patas traseras, el cual se debate frenéticamente de terror, generalmente partiéndose las patas, hasta que es degollado de una sola cuchillada, siguiendo todo un ritual para analizar si murió mediante un corte certero. En caso contrario el animal es descartado.

En Vietnam las amas de casa y los niños eligen a perros para matarlos en el momento. Los elegidos son sacados de sus jaulas con un palo que tiene un gancho en la punta, traspasándolos en el cuello. Inmediatamente son arrojados a agua hirviendo y sus pieles son arrancadas con ellos vivos. Se venden perros en mercados y restaurantes. La gente allí piensa que su carne es afrodisíaca. Se estima que cada día se matan alrededor de 500 perros y/o gatos cada día.

En China hay restaurantes que sirven perro San Bernardo especialmente o fondue de perro, lo cual está generando fuertes protestas internacionales. Los criadores de San Bernardo crecen año tras año, pues es un negocio cuatro veces más rentable que la cría de cerdos, vacas o gallinas.

En Japón se produce la muerte de más de 500 ballenas al año, lo que va contra lo indicado por la Comisión Ballenera Internacional. El país alega fines científicos, aunque saben que son vendidas como especialidades alimentarias.

¿QUÉ HACER?

Muchas personas experimentarán una vida espiritual más profunda y una mente más clara cuando eliminen la carne de sus comidas. Miembros de la Sociedad Vegana y otras similares abrazan el vegetarianismo como consecuencia de la crueldad en la matanza animal, sin contar el perjuicio que la industria de la carne causa al medio ambiente.

Una de las mayores contradicciones respecto al desarrollo es que hay miles de seres humanos muriendo de hambre. Por otra parte, con lo que se gasta para alimentar al ganado, se podría suministrar alimentos a toda la población mundial. No necesitaríamos destruir los bosques y selvas para transformarlos en pastos, preservando así nuestro medio ambiente.

Para producir 450 gramos de carne de vaca se necesitan 3 kg de semillas. A su vez estas necesitan de 3.000 litros de agua. En el mundo entero cada vez es mayor el volumen de agua utilizado en la cría de cerdos y gallinas, que podría utilizarse en la irrigación directa de plantaciones destinadas al consumo humano.

Una gran solución para un planeta con hambre sería transformar los pastos en campos agrícolas.

Un psicólogo compró un becerro y un buey en un matadero de Chicago y los llevó a contemplar la matanza de 150 bueyes. Después de esto fueron llevados a un pasto. Durante dos años el buey permaneció aislado mientras que el becerro fue incorporado a un rebaño con dos grandes marcas en las orejas.

Patfield, el psicólogo, llamó a 5 de los matarifes de la matanza de dos años atrás. Cuando estos bajaron del coche, el buey se asustó y se enfureció, rompió el establo y se arrojó contra la cerca de alambre hiriéndose en esta acción. El animal gemía y bufaba mostrando pavor.

En el pastizal, el becerro marcado fue el único en huir cuando los 5 hombres se acercaron, embistiendo aterrorizado y solamente fue encontrado 5 días después, a 190 km de distancia, unido a un rebaño extraño. Había perdido 50 kilogramos de peso. ¿Los animales tienen memoria?

†

CORRIDAS DE TOROS
LA DANZA DE LA MUERTE
(Selección)

Se cree que las corridas tuvieron su inicio en la isla de Creta, entre los años 2.200 y 1.400 A.C., y que formaban parte de un ritual religioso en el que se sacrificaba a un toro en su parte final.

Ofrecen a los espectadores la falsa idea de la lucha a vida o muerte del animal con el hombre.

Muchas veces, antes de entrar en el ruedo, los cuernos del animal son limados para que no hieran al torero. En la mayor parte de las corridas, el toro sale al coso tras haber permanecido enjaulado durante horas, sin comer y con falta de luz, saliendo aturdido por el sol y los ruidos. En ese momento los toreros hacen que el animal corra por la arena para que el matador reconozca sus características.

Cuando el diestro aparece con su capote rojo, entra en el ruedo la figura del picador, montado a caballo, que hiere al animal en su dorso con una lanza afilada de unos 14 centímetros, repitiendo la operación 3 ó 4 veces. El animal sufre terribles dolores y su sangre escurre por su lomo al tiempo que su movilidad queda reducida.

Entonces llegan los banderilleros, que clavan hasta 6 arpones con banderas en la zona que ha sido abierta por el picador. Con los movimientos del toro, las banderillas se mueven, rasgando la carne y los nervios. Colocadas sobre su pescuezo, dificultan al toro a levantar la cabeza hasta cierta altura.

Tras todo ello llega el turno del "héroe", el "matador", en el momento en que el toro está ya exhausto y confuso, muriendo lentamente y, con todo su coraje y fuerza, con su capa roja que camufla la sangre del toro, da algunos pases y acaba introduciendo una larga espada en el corazón del animal.

Algunos de estos héroes no tienen buena puntería y deben repetir la acción varias veces, clavando la espada en el toro que, con dolores acuciantes, lucha por su supervivencia. La mayoría de los toros mueren asfixiados por su propia sangre, pues la espada atraviesa sus pulmones en lugar del corazón. Si a pesar de todo el animal sobrevive, es rematado mediante un puñal que corta su médula espinal a la altura del pescuezo. Para finalizar la faena, algunas veces cortan el rabo y las orejas del toro como trofeo y las brindan al público como recuerdo.

Es impresionante ver cómo personas con sensibilidad pueden incentivar esa monstruosidad y, todavía peor, cómo algunas empresas pueden patrocinar ese circo de horrores, sobre todo para los niños. ¿Cómo tal barbarie puede ser considerada un acto de heroísmo incentivada por la propia población que aplaude ese show macabro?

Felizmente, en el mundo entero crecen las manifestaciones antitaurinas, principalmente en los países donde se realizan.

Transcribo a continuación algunas informaciones procedentes de la lista de discusión sobre vegetarianismo moderada por Marly Winckler:

†

EL VEGETARIANISMO RADICAL

George Guimarães – Nutricionista – colaboración de Paula Ruas

El olor a sangre es fuerte y se puede sentir desde lejos. En el mercado a cielo abierto, el cliente escoge el animal que le parece más suculento. El golpe en la ingle del perro es rápido pero su muerte no llega con prisa. El sufrimiento dura algunos minutos. Los animales que sufren el golpe en la yugular tienen más suerte, pero los matadores de perros temen que los animales les muerdan por lo que prefieren golpearles por detrás.

Esta escena se repite diariamente en China. "¡Que absurdo!", dirían los occidentales, para quienes los perros son animales domésticos. Lo mismo diría de nosotros un hindú respecto a lo que hacemos con las vacas y bueyes. No hay diferencia entre matar un buey y un perro para comer. El razonamiento sirve también para el desuelle de gallinas, cerdos y otros animales.

Tortura, dolor, sufrimiento y desolación. Animales de varias especies son tratados como mercancía, como un simple bien de consumo. Mueren cobardemente y sus cadáveres se venden en pedazos. ¿Cómo es posible que un animal tan dócil como la vaca, sea privado de su instinto materno simplemente porque la industria requiere que se separe de su hijo cuando este tiene apenas algunos días de vida? ¿Cómo es posible que las aves, animales territoriales, puedan vivir a razón de 8 individuos por metro cuadrado sin volverse neuróticas? Esto sin contar con las torturas a las que son sometidos los animales en los experimentos de laboratorios científicos, aun existiendo otras alternativas para el desarrollo de nuevos productos.

Hay quienes creen que es un derecho natural del ser humano el poder someter a los animales a todo tipo de crueldades, tal como ocurría en el pasado, así como algunas personas se creen superiores a otras por diferencias de color de piel o credo religioso. Fue necesario que surgieran grupos abolicionistas y humanistas, que fueron ridiculizados y discriminados al principio, para que los hombres se dieran cuenta de lo absurdo del modo en que trataban a otros seres humanos. Habrá un momento en que el hombre, ayudado por un nuevo tipo de abolicionistas –que hablan por seres que no pueden hablar por sí mismos–, será consciente de que los animales no son su propiedad, sino seres con derecho a la vida.

Pero mientras llega ese día, pagamos un alto precio, sufriendo enfermedades relacionadas con el consumo de productos animales. Obesidad, dolencias cardiovasculares, diversos tipos de cáncer, alergia y otros problemas de salud, que afectan a buena parte de la población de países desarrollados, como los Estados Unidos. Las bacterias se vuelven más resistentes gracias al masivo uso de antibióticos en los sistemas de cría animal intensiva.

La sociedad consigue una dosis extra de violencia con los rodeos, farras do boi, peleas de perros y otras atrocidades, enseñando a los niños desde bien pronto cuál es la ley que impera en el reino humano. Un imperio cuya herencia es incierta ya que el 30% de la devastación de la selva amazónica se destina a la formación de pastos para el ganado. La población de animales de carne en los Estados Unidos produce 130 veces más basura que la población humana de aquel país. Es sabido que cuando consumimos de un escalón más bajo de la cadena alimentaria (vegetales), reducimos el consumo de recursos naturales hasta en un 90%.

†

EL LADO OCULTO DE LAS PIELES

(Erica de Sousa)

Aproximadamente 3 millones y medio de animales (martas, chinchillas, raposas, lobos, linces, coyotes, castores, nutrias y otros) son muertos anualmente en los Estados Unidos para la comercialización de sus pieles. Animales que caen en trampas enferman y permanecen en sufrimiento durante días; uno de cada cuatro animales que caen en trampas, huye royendo su propia pata; algunas veces acaba muriendo debido a la pérdida de sangre, fiebre, gangrena, o devorados por algún depredador.

Todos los años miles de perros, gatos, reptiles y otros animales mueren o quedan incapacitados a causa de las trampas.

Para matar a los animales sin dañar la piel, los criadores los estrangulan, golpean o pisan hasta su muerte. A otros se les electrocuta o envenena con estricnina. Como estos métodos no son totalmente efectivos, a algunos ejemplares se les arranca la piel todavía vivos.

¿Qué puede usted hacer?

- Concienciar a las personas que visten las pieles del sufrimiento.

- No utilice artículos de piel. Existen alternativas menos crueles para pasar el invierno.

En Rusia millares de bebes foca son abatidos cada año para vender sus pieles en el mercado de la moda.

†

LA VERDAD SOBRE
LOS EXPERIMENTOS CON ANIMALES

(Relato de Verónica F.)

En mi adolescencia tuve un trabajo temporal durante un verano, que pocos adolescentes gustarían probar. Trabajé en un laboratorio de experimentación con animales, en un hospital famoso. Todos los días llegaba a las 8 de la mañana e iniciaba mi jornada. Las cosas que pude ver pueden resultar increíbles, pero es todo verdad.

Pueden imaginar el motivo por el que decidí pasar el verano trabajando en un laboratorio en el que se sacrificaba rutinariamente a centenares de animales. Había pasado el verano anterior trabajando en una clínica veterinaria y acabé encantada con la experiencia. Desde ese momento tomé la decisión de hacerme veterinaria y pensé que sería bueno conocer el otro lado de la realidad del trato con los animales. ¡Y cómo de diferente fue la experiencia del laboratorio de investigación en comparación con la clínica veterinaria! Me tocó realizar diferentes tareas en el laboratorio. Limpiaba jaulas, movía a los animales, cuidaba a los cachorros y participé en la muerte de algunos ejemplares.

No podrían creer en las cosas que suceden a puerta cerrada en el interior de algunos grandes hospitales. No puedo afirmar que esto suceda en todos los laboratorios, pero yo lo vi suceder todos los días.

Había salas y salas con ratas y ratones. La verdad es que la mayoría de los experimentos se realizaban con estos animales. Con frecuencia tenía que meter a algunos ejemplares en pequeñas cámaras de gas. En ocasiones no morían en ese acto, pero los investigadores los abrían igualmente obviando el hecho evidente de que seguían estando vivos.

En una ocasión varios ratones se escaparon y se escondieron tras una fila de jaulas. Como no conseguimos sacarlos de allí acabaron teniendo crías. El jefe de laboratorio lo descubrió y mandó a un trabajador que se librara de ellos. Este retiró las jaulas y comenzó a pisotear y aplastar a los ratones. Yo tuve que limpiar los restos.

Pero la peor parte de este trabajo en el laboratorio fue descubrir lo que hacían con perros y gatos. Los perros tuvieron suerte porque no se sacrificaron durante años. Los doctores les habían implantado válvulas cardíacas y estaban observando su funcionamiento durante un largo período de tiempo. Los perros fueron comprados en refugios y revendedores. Algunos eran mascotas que habían pertenecido a alguien pues sabían sentarse y seguir a la persona. Estaban entrenados.

Los gatos se habían comprado en una finca de la secta Amish que estaba afincada en la región, donde criaban perros y gatos. Todos los días yo, acompañada de un par de amigos, tenía que escoger 3 gatos para que fueran sacrificados. El doctor que realizaba la investigación solo precisaba de los hígados de los animales y el resto del cuerpo era eliminado. Aquellos gatos eran tan mansos como los que tenemos en casa. Era horrible tener que escogerlos.

Lo que sucedía con los conejos era aún peor. Un investigador realizaba reportajes fotográficos para una revista científica y necesitaba imágenes de conejos con el cuello partido para un artículo. Durante una semana entera se dedicó a partir el cuello a los conejos, fotografiándolos mientras se retorcían de dolor. Un conejo tenía tal pánico de estar en la jaula que royó su propia cola dejando un muñón. Yo colaboré para amarrarlo y todavía me queda la cicatriz de la patada que me dio. La pobre criatura sentía terror de los seres humanos.

Estos son solo ejemplos de las investigaciones de las que fui testigo durante aquel verano. Algunos experimentos eran menos crueles y otros lo eran más. Se hacían pruebas en gallinas, marmotas, sapos, cerdos, corderos y varios otros animales. Incluso los animales que sobrevivían a los experimentos eras sacrificados posteriormente en lugar de entregarlos a algún hogar que quisiera acogerlos. La verdad es que algunos ejemplares eran sacrificados simplemente por sobrevivir. Eran matados sin ningún motivo. Después de acabar con una caja de pollitos, llegaba otra para algún otro doctor. Aunque alguno de los estudios era importante, otros no lo eran en absoluto, como el de los cuellos de los conejos.

Finalmente acabé satisfecha de haber trabajado en el laboratorio. Ahora estoy completamente segura de que las investigaciones con animales son crueles y muchas veces innecesarias. Me consuela el hecho de haber conseguido que la vida de muchos de esos animales fuera un poco más agradable mientras estuve allí. Trabajar en laboratorio es muy diferente a leer sobre experimentos en libros o revistas. Ustedes son libres de tomar sus propias decisiones al respecto de la investigación con animales, pero si vieran lo que yo viví, sé la decisión que tomarían.

Nota adicional: muchas personas me han escrito y preguntado por qué continué allí cuando descubrí lo que se hacía. Solo para aclarar este punto, aquí explico los motivos:

1- El primer motivo era recoger información y denunciar a la clínica por las cosas ilegales que hacían. Hablé con un abogado que me aconsejó continuar y registrar los malos tratos durante un largo período de tiempo (2 meses), dado que eso daría mayor oportunidad para que el laboratorio fuera procesado. Esta es la razón principal de permanecer allí. Cuando terminé hice una declaración, denunciando al laboratorio.

2- El segundo motivo es que mientras trabajaba allí podía mejorar la vida de algunos animales. Yo no podía salvar a todos los animales y nadie podría hacerlo. Sin embargo, salvé a dos ratones cuando estaban en trance de ser aplastados y han sido mis mascotas durante varios años. También permanecí porque quise hacer la vida de esos animales lo más confortable posible. Los perros vivían en jaulas en las que casi no podían moverse. Yo los sacaba a pasear todos los días y jugaba con ellos. ¿Salvé su vida? No. Pero siendo realista, ¿podría haber salvado su vida? No. ¿Hice su vida más cómoda y soportable? Sí.

La cuestión es que yo tenía 14 años en aquel tiempo. No tenía mucho poder para cambiar las cosas. La única esperanza que tenía de acabar con la crueldad era hacer esa relación de hechos y denunciar al laboratorio. Y eso fue lo que hice. Lo que presencié fue horrible y no participé en cosas que consideraba abominables. No ayudé a matar animales, simplemente limpiaba sus jaulas y los alimentaba. Pero estuve jugando con los conejos, saqué a pasear a los perros y jugué con los gatos. Pueden ustedes estar en desacuerdo con mi decisión de permanecer allí, pero, por favor, tengan en cuenta mis motivos antes de criticarme.

†

EL RESCATE DE LOS OSOS

Texto de Felicitas B. Barroso, Presidente de "Fauna Free Group"

En China hay granjas en las que se cazan osos para extraer su bilis y utilizarlo en la fabricación de champús, afrodisíacos y, según creen, para combatir el dolor de cabeza, la resaca, los cálculos renales, etc., sin prueba científica que acredite su eficacia.

Los osos permanecen en jaulas durante toda su vida. Estas parecen cajones y son tan pequeñas que los animales casi no pueden moverse. Permanecen presos, acostados sobre sus propias heces y orines quemándoles la piel. Empujan con sus patas en el pequeño espacio de la jaula. Para beber, los pobres osos tienen que estirar la lengua para lamer la humedad de los barrotes. Sufren dolores terribles al pasar aproximadamente 15 años en la misma postura, deformándose los huesos.

Para obtener la bilis, promueven el más terrible negocio. La extracción se hace introduciendo un tubo en la vesícula, dejando la otra punta del tubo fuera de la barriga, donde una máquina succiona el jugo. Los dolores que sufren los animales sobrepasan todo lo imaginable. El animal ruge de dolor, se mutila y quiere suicidarse. Los hombres los atrapan, les colocan chalecos metálicos y apretándolos con barras metálicas, los drogan.

En julio de 2000, la "Animal Asia Foundation" (AAf) y la "World Society for the Protection of Animals" (WSPA) consiguieron, a través de un acuerdo con el gobierno de China, cerrar una de esas granjas. Allí vivían 500 osos suministrando bilis para los seres humanos. Vean el comentario de Jill Robinson, de la "Animal Asia Foundation":

- Cuando recibimos a los primeros 63 osos confiscados de las granjas, quedé maravillado al comprobar como los osos, a pesar de haber sido maltratados tenían la capacidad de perdonar y confiar plenamente en la especie que les causó tanto sufrimiento. Es una lección para todos nosotros.

Cuando llegaron en camiones, dentro de jaulas rústicas, con edades que iban desde crías a animales viejos, nuestros sentidos se tambalearon al quedarnos horrorizados con la visión de aquella miseria y el olor a podrido de aquellos cuerpos en sufrimiento.

Pero cuando comenzamos a darles frutas a través de los barrotes, amistosamente acercaban sus labios y con mucha delicadeza las cogían con sus dedos. Nuestras emociones estaban exultantes con el hecho de que ahora, en lugar de ser cruelmente víctimas de abusos por algo que puede fácilmente sustituirse con hierbas, a partir de ese momento solamente recibirían amabilidad. Nuestro gran consuelo es que el gobierno cerró las granjas y ninguno de aquellos animales sería sustituido con otros ejemplares.

La cirugía para extraer los implantes metálicos y reparar los degradados cuerpos ya ha comenzado y estamos horrorizados siendo testigos de los daños causados y como consiguen permanecer vivos.

Así que, habiendo visto cómo los animales de esas granjas se pueden recuperar de tanto abuso, pues hemos visto cómo son capaces de sobrevivir, aunque son necesarios meses de fisioterapia y mucho amor y cuidados para restaurar completamente la salud física y mental de estos animales. Las jaulas vacías serán conservadas para recordar la tortura y el dolor; un símbolo para que ningún animal tenga que sufrir más de esa manera.

Agradecemos a las autoridades chinas por su esfuerzo para que el rescate de los osos haya sido eficiente. No podríamos haber hecho nada sin ellos y confiamos en que, a través del rescate de estos 500 osos nos encontremos preparados para la abolición de las granjas de osos en toda China. Si estos osos pudieran hablar dirían que finalmente se encuentran en casa.

†

DIARIO DE UN PERRO

Regiane M. Ferrari

1ª SEMANA

¡Hoy hace una semana que nací! ¡Que alegría haber llagado a este mundo!

1 MES

Mi madre me cuida muy bien. Es una madre ejemplar.

2 MESES

Hoy me separan de mi madre. Ella se encontraba muy inquieta y con sus ojos me dice adiós con esperanza de que mi nueva familia cuidase bien de mí, como ella hacía.

4 MESES

He crecido muy rápido y todo me llama la atención. Hay varios niños en la casa que son como mis hermanitos. Somos muy entusiastas, ellos me lanzan una pelota y yo les muerdo jugando.

5 MESES

Hoy me han castigado. Mi dueña se enfadó porque me hice pis dentro de casa, aunque nunca me dijeron donde tenía que hacerlos. Y como yo duermo afuera... ¡no me aguanté!

6 MESES

Soy un perro feliz. Tengo el calor de un hogar y me siento seguro y protegido. Creo que mi familia humana me ama mucho. Me dan de comer, el patio es solo para mí y estoy excavando como hacían mis antepasados lobos cuando escondían comida. Nunca me educan, seguramente porque no hago nada equivocado.

12 MESES

Hoy he cumplido un año. Soy un perro adulto y mis dueños dicen que crecí más de lo que esperaban. ¡Deben estar muy orgullosos de mí!

13 MESES

Hoy me he sentido muy mal. Mi hermanito ha cogido mi pelota. Como yo nunca cojo sus juguetes, he corrido tras él y le he mordido. Como mis dientes son muy fuertes, le he herido sin querer. Después del susto me han atado. No puedo ni moverme para tomar un poco el sol. Dicen que soy desagra-

decido y que me van a tener en observación... No entiendo nada de lo que está pasando.

15 MESES

Todo ha cambiado. Vivo preso en el patio... al relente... me siento muy solo... mi familia ya no me quiere. A veces olvidan que tengo hambre y sed y cuando llueve no tengo un techo que me proteja.

16 MESES

Hoy me sacaron de la intemperie. Pensé que me habían perdonado. Me puse tan contento que daba saltos de alegría y mi cola parecía un molinillo... parece que voy a salir a pasear con ellos. Subimos en el coche, enganchamos el carrito y viajamos durante un largo trecho hasta que paramos. Abrieron la puerta y yo salté feliz, creyendo que era un día de paseo por el campo. No entiendo por qué cerraron la puerta y se marcharon... "Esperen"... ladré. "Se olvidan de mí". Corrí tras el coche con todas mis fuerzas... mi angustia aumentó al ver que se alejaban y no paraban. Ma habían abandonado.

17 MESES

Procuré en vano encontrar el camino de vuelta a casa. Me siento en el camino... estoy perdido y algunas personas de buen corazón, que me miran con tristeza, me dan algo de comer... Yo les agradezco con una mirada desde el fondo de mi alma... querría que me adoptaran. Sería leal como ningún otro. Pero ellos solo dicen "pobre perrito, debe haberse perdido."

18 MESES

Un día pasé junto a una escuela y vi a muchos niños y jóvenes como mis "hermanitos". Me acerqué y un grupo de ellos, riéndose a carcajadas, me arrojó una lluvia de piedras para ver quién tenía mejor puntería. Una de las pedradas me acertó en un ojo y desde entonces no puedo ver por él.

19 MESES

Parece mentira, pero cuando tenía mejor aspecto las personas se apiadaban más de mí. Ahora que estoy flaco, con mal aspecto y he perdido un ojo, la gente me trata a patadas cuando quiero acostarme en la sombra.

20 MESES

Casi no puedo moverme. Hoy, al atravesar la calle por la que deambulaba, un coche me ha atropellado. Por lo que sé me encontraba en un lugar seguro llamado cuneta, pero nunca olvidaré la cara de satisfacción del conductor al ver que no me había matado, aunque mejor hubiera sido pues ha dislocado mi cadera. El dolor es terrible y mis patas traseras no me responden. Con dificultad me arrastré hasta una mata de hierba cerca de la carretera.

Ya hace diez días que estoy al sol, soportando lluvia y frío, y sin comer. Me siento muy mal. Estoy en un sitio húmedo y mi pelo se está cayendo. Algunas personas pasan y no me ven. Otras dicen "¡no te acerques!". Me encuentro casi inconsciente, aunque una extraña fuerza me hace abrir los ojos. La dulzura de su voz me hace reaccionar. "Pobre perrito, mira cómo te han dejado", decía... junto a ella estaba un señor vestido de blanco que comenzó a palparme y dijo: "Lo siento señora, pero este perro ya no tiene remedio, es mejor que deje de sufrir". La amable mujer consintió, con los ojos llenos de lágrimas. Como pude moví el rabo agradeciendo que me ayudara a descansar.

Solamente sentí el pinchazo de la inyección y dormí para siempre, pensando en por qué había nacido si nadie me quería.

La solución no es abandonar a un perro en las calles y sí educarlo. No hagas un problema de una grata compañía. Ayuda a despertar las consciencias para acabar con el mal de los perros callejeros.

Este texto ha sido escrito por un veterinario que trabaja en un centro de control de zoonosis.

✝

DIOS ESTÁ DEL LADO DE LOS ANIMALES

Asociación Protectora de los Animales San Francisco de Asís

Los activistas de los derechos de los animales coinciden con todas las diferentes religiones y filosofías. Independientemente de cuales sean sus convicciones personales, usted podrá confrontarlas con lo que dicen las diferentes religiones al respecto, respondiendo al siguiente test. Garantizamos que se llevará alguna sorpresa.

1) El jefe rabino Sefardí de Tel Aviv publicó en 1992 una decisión rabínica que decía que los judíos no deben:

a- Comer pescado.

b- Usar pieles

c- Ir al circo

d- Cazar.

RESPUESTA: b. *El Rabino Chaim David Halevy emitió una decisión que prohíbe la fabricación y el uso de pieles. Encontró que estas prácticas eran poco éticas, basándose en su estudio de la Torah, el Talmud y otros textos.*

2) ¿Qué actividades condena Mahoma, creador del Islam?

a- Mantener animales en cautiverio

b- Uso de pieles animales

c- Experimentar con animales

d- Corridas de toros.

RESPUESTA: Todas son verdaderas. *El Corán cita al profeta Mahoma diciendo: "Una buena acción hecha a un animal es tan meritoria como una buena acción realizada a un ser humano, en cuanto que un acto de crueldad cometido sobre un animal es tan ruin como un acto de crueldad cometido sobre un ser humano."*

Mahoma clasificó como "gran pecado para el hombre el aprisionar a los animales que están bajo su poder". Prohibió todo tipo de peleas de animales, así como el comercio de pieles. El Imán islámico retirado Al-Hafiz Basheer Ahmad Masri, experto en las enseñanzas islámicas sobre los animales indica que cualquier intervención sobre el cuerpo de un animal vivo que le cause dolor o deformación, es contraria a los principios islámicos.

3) ¿Qué prohibió el Papa Pio V en 1567?

a- Las corridas de toros

b- Procreación de perros

c- Producción de carne de ternera

d- La caza

RESPUESTA: a. *Enfurecido con el sufrimiento de los animales, el Papa prohibió las corridas de toros y otras fiestas en las que se tortura a los animales.*

4)   Rellene el espacio en blanco: "En la historia del milagro de la multiplicación, Jesús alimentó a la multitud con panes y _____

a- Frutas

b- Peces

c- Vino

d- Algas marinas

RESPUESTA: *Las evidencias indican que el milagro conocido como la historia de los panes y los peces no incluía a estos últimos originalmente. Algunos estudiantes bíblicos afirman que la palabra griega que designa a un alga seca (fishweed) fue mal traducida posteriormente como pez. El alga seca era una comida popular entre los campesinos de Palestina y probablemente se encontraba en el cesto junto al pan. En otras historias Jesús aleja a los pescadores de los animales muertos y les insta a que sean "pescadores de hombres". Les suplica que muestren misericordia con todos los seres, tal y como cita el profeta Oseas: "Yo deseo clemencia, no sacrificio".*

5) Quién dice: "Todos somos criaturas de Dios. No es coherente pedir clemencia y justicia a Dios mientras continuamos comiendo carne de animales que son sacrificados por nuestra culpa."

a- Albert Schweitzer

b-Isaac Bashevis Singer

c-Leonardo da Vinci

d-Albert Einstein

RESPUESTA: b. *El Premio Nobel de la Paz, Isaac Bashevis Singer dijo en una entrevista: "mi vegetarianismo es mi religión y parte de mi protesta contra la conducta humana".* Schweitzer, Da Vinci y Einstein eran vegetarianos. ¡Grandes mentes pensando de forma similar!

6) ¿Qué país tiene mayor número de personas cuyo vegetarianismo está basado en su Fe?

a- Israel

b- Bélgica

c- India

d- Estados Unidos

RESPUESTA: c. *India, hogar del budismo e hinduismo, tiene el mayor número de vegetarianos basados en la Fe, seguida por Israel. Buda pidió a sus seguidores que no matasen animales, tal y como refleja el texto budista Surangama Sutra, donde reza: "Si comemos la carne de criaturas vivas estaremos destruyendo las semillas de la compasión."*

El Tirukural, un texto hindú de 2000 años de edad declara: "Cuando un hombre sabe que aquella carne proviene de una criatura sacrificada, debe abstenerse de comerla."

7) En Yom Kippur, el día judío de la expiación, la Ley judía prohíbe:

a- Comer carne

b- Comer cualquier cosa

c- Usar pieles

d- La lectura

RESPUESTA: b y c. *Además del ayuno, la ley judía determina que no se utilice ningún tipo de cuero durante Yom Kippur, porque la persona no puede pedir ningún tipo de compasión portando un producto del sufrimiento.*

8) ¿Qué personajes bíblicos eran vegetarianos?

a- Adán y Eva

b- Mateo

c- Jesús

d- Noé

RESPUESTA: a, b y c. *El Génesis nos dice que Adán y Eva eran vegetarianos en los jardines del Edén y, de acuerdo con Clemente de Alejandría (que era vegetariano), Mateo también era vegetariano ético. Muchos estudiantes bíblicos creen que Jesús era un Esenio, miembro de una secta vegetariana del judaísmo.*

9) ¿Quién fundó la primera sociedad para el bienestar animal del mundo?

a- Un príncipe

b- Un párroco

c- Un vegetariano

d- Una monja

RESPUESTA: b. *Un sacerdote anglicano, Arthur Broome, fundó la Sociedad de Prevención a la crueldad hacia los animales en Inglaterra, en 1824.*

10) ¿Verdadero o falso?

"La Biblia otorga derechos a los hombres sobre los animales."

RESPUESTA: Falso. *Decir que Dios dio al hombre derechos sobre los animales es una mala traducción de Génesis 1:28. En el sexto día, Dios creó a los seres humanos y a los animales y, según Génesis 1:28, Dios pide un tratamiento humanitario a los animales e inmediatamente sugiere una dieta vegetariana ("Yo os doy todas las plantas que dan semilla y que se encuentran sobre la superficie de la Tierra y todo árbol con frutos que dan semilla; vosotros los usaréis como alimento").*

¿CUAL HA SIDO SU PUNTUACIÓN?

1 a 3. Principiante. Es el momento de buscar en los libros. Cualquiera que elija estará bien y gustará de lo que descubra en ellos.

4 a 7. Discípulo. ¡Buen trabajo!

8 a 10. Sabio. ¡Un trabajo divino! ¿Qué tal si enseñas a otros lo que ya sabes?

†

¿TIENEN MEMORIA LOS ANIMALES?

Aprendiendo a respetar la vida – Hilldegard Richter

Un psicólogo de animales examinó la memoria de un buey que, después de 6 años no había olvidado lo que había visto en un matadero. El psicólogo de animales Patfield compró un becerro y un buey en un matadero de Chicago. Antes había acordado que los animales presenciaran la matanza de 150 bueyes. De ahí fueron transportados en un camión hasta un pastizal con establos que Patfield había alquilado. Durante la matanza, el psicólogo consiguió que varios matarifes fueran mostrados a los dos animales en varias ocasiones durante el evento. En el período de los 2 años posteriores, los animales no volvieron a ver a ninguno de los matarifes. El buey permaneció solo mientras que el becerro fue incorporado a un rebaño después de un año. Patfield le hizo dos grandes marcas en las orejas para identificarlo. Tras ese período de 2 años, el hombre invitó a los matarifes para visitar el campo donde se encontraba el buey que estaba tumbado plácidamente sobre la hierba. En cuanto los hombres se bajaron del coche el buey se asustó. En pocos segundos destrozó el establo y se arrojó contra la verja de alambre donde cayó herido. Gemía y rugía de pavor al ver a los hombres acercarse. En el rebaño, el único animal que huyó al ver llegar a los matarifes fue el becerro marcado en las orejas, quien los tenía grabados en su memoria. Embistió y se escapó lleno de pánico. Adrede esperaron 24 horas para empezar a buscarlo. El equipo de búsqueda lo encontró después de 5 días a una distancia de 190 kilómetros, donde se había unido a un rebaño extraño. Había perdido 55 kilos de peso.

✝

UNA VENGANZA DEL REINO ANIMAL CREÓ EL SÍNDROME DEL HOMBRE LOCO

Parece que una señal, un rugido procedente del reino animal, viene a mostrar al ser humano que algo está errado.

Una revolución que provoca la locura en la humanidad. El hombre que, en busca de tantos beneficios, acaba produciendo desastrosos efectos y se convierte en víctima de un crimen que él mismo comete desde hace tiempo. Un crimen contra la vida, contra la naturaleza y contra la propia salud de la especie humana.

Los animales herbívoros son forzados a alimentarse de carne de otros animales incluso de su misma especie. Los criadores, para aumentar sus beneficios, alimentan a los rebaños con piensos que contienen sangre, vísceras y huesos de otros animales. Los transforman en caníbales. Esta intervención humana creó el Síndrome de Enfalopatía Espongiforme o Síndrome de las Vacas Locas. Los especialistas afirman que los animales actualmente se encuentran debilitados y vulnerables a las infecciones como nunca antes en la historia de la naturaleza.

Una aterrorizante reacción a los considerados métodos modernos de cría. Hoy los bueyes se sacrifican a los 18 meses de vida mientras que anteriormente ocurría a los 48 meses.

En este escenario surge la presencia de un vengador llamado prion. Una proteína mutante, sin tratamiento por el momento, dado que no está viva. Esto desafía a los médicos pues no pueden matarla. Esta proteína contamina el instrumental quirúrgico incluso después de haber sido desinfectados y no se sabe qué más puede hacer.

Lo que se sabe es que el prion es generalmente inofensivo y se encuentra en mamíferos y aves, siendo una especie de defensores de las neuronas, pero cuando mutan pueden originar problemas de salud.

A continuación, expongo una recopilación de informaciones procedentes de varias fuentes, para que usted, querido lector, esté mejor informado:

†

EL SÍNDROME DE LAS VACAS LOCAS (ENCEFALOPATÍA ESPONGIFORME)[40]

Es causado por los priones, que se incuban durante meses y que se multiplican, pudiendo conducir a la muerte.

Muchas veces el paciente descubre que está infectado cuando aparecen los síntomas finales. Esto ocurre en muchas especies y hasta ahora se considera fatal y de difícil diagnóstico no habiendo tratamiento hasta la fecha. Existe una variante que afecta al ser humano (Creutzfeodt-Jakob). La variante que afecta a las ovejas se llama scrapie.

En junio de 1994 más del 51% de las granjas de Gran Bretaña estaban infectadas.

La enfermedad afecta principalmente a la población humana de entre 50 y 70 años y muy raramente a menores de 35, salvo que estos se encuentren infectados por hormonas de crecimiento, trasplantes o sangre contaminada. En estos casos puede afectar en la infancia o juventud, con un periodo de incubación menor entre la infección y la aparición de síntomas. Se caracteriza por una infección generalizada en el cerebro (encefalitis).

La OMS sospecha que la enfermedad de las vacas locas puede haberse extendido fuera de Europa puesto que hay países que importan piensos europeos contaminados.

---

40 N. del T. Téngase en cuenta que este libro fue escrito en el año 2000, momento en que este asunto de las vacas locas era de candente actualidad.

Para dar respuesta al pánico de los consumidores por el creciente número de casos, principalmente en la Unión Europea, se han realizado planes para sacrificar millones de cabezas de ganado. Esto nos lleva a reflexionar sobre cuál es el tipo de tecnología ideal para matar a los animales, que evite la propagación de la enfermedad y la afección al medio ambiente.

Las precauciones tomadas tras la epidemia de la vaca loca pueden haber contribuido a la rápida diseminación de la fiebre aftosa, según algunos expertos. La enfermedad afecta a animales de pezuña hendida, como las ovejas, cerdos, vacas, etc. Provoca erupciones y graves pérdidas de peso. La aftosa es una enfermedad infectocontagiosa provocada por un virus. Las erupciones en las mucosas de la boca imposibilitan a alimentarse al animal y esto puede provocar su muerte.

Gobiernos de algunos países confirman la existencia de cabras contagiadas por fiebre aftosa. La crisis de la aftosa se extiende por el mundo. La aparición de focos en Argentina causa temor en la América Latina mientras en Gran Bretaña se intensifican las matanzas para intentar contener la enfermedad. Millares de animales sanos habrán de ser sacrificados de forma preventiva. La importación de carne y productos lácteos europeos está siendo prohibida en todos los países.

En Canadá se ha confirmado la aparición de un ciervo salvaje contagiado por una enfermedad similar a la de las vacas locas. El ejemplar fue abatido por un cazador y su cabeza llevada a un laboratorio para formar parte de un estudio promovido por el gobierno en el que se analizarían 1.400 cerebros de ciervo.

También los alces se han contagiado. Hay una enfermedad conocida por las siglas CWD que está perjudicando a los criaderos de alces. El alce se cría para la carne y también para la producción de remedios homeopáticos y afrodisiacos fabricados en Asia. Miles de ejemplares han sido sacrificados para evitar la expansión de la enfermedad.

En Francia se están tomando medidas con ovejas, cabras y cerdos. En varios lugares se han reportado enfrentamientos entre ganaderos y el gobierno. Ya se habla de "cabra loca".

Stanley Prusiner, ganador del premio Nobel en 1997 afirma que es pronto para decir cuántas personas morirán como consecuencia del mal de las vacas locas. Prusiner ganó el premio por descubrir el agente que provoca esta enfermedad degenerativa del cerebro.

En Inglaterra han aparecido incluso felinos contagiados. La mayoría son gatos domésticos, pero también hay leones, pumas, leopardos, ocelotes, tigres, antílopes y avestruces de zoológicos que probablemente han sido afectados por la alimentación con piensos animales. El actual Presidente de la Unión Europea, Romano Prodi, afirma que serán necesarios 5 años para vencer al mal de las vacas locas.

Se han descubierto cangrejos y ostras contaminados con cromo y Zinc en cantidades que superan el nivel máximo tolerable, en la población de Guaratiba, Río de Janeiro. Los consumidores pueden estar ingiriendo metales pesados que son susceptibles de provocar cáncer y afectar al sistema nervioso central.

Todos los productos derivados de los animales son ahora sospechosos: caramelos, dulces, cosméticos, etc. En

Europa muchos han dejado de consumir carne. ¿Será el inicio de un Nuevo Tiempo?

EL VEGETARIANISMO
A TRAVÉS DE LOS TIEMPOS

(Extraído del libro Yoga de la Alimentación, de Chiang Sing)

Se trata de un texto poderoso, que ha de ser leído sin ideas preconcebidas. Describo de forma casi íntegra.

Uno de los mayores filósofos, Pitágoras, condenaba el hábito de comer carne. Los pitagóricos eran vegetarianos y hacían comidas simples. Poco más tarde, en Grecia, surgió Hipócrates, el padre de la medicina, quien decía:

"Todo hombre ha de ser un aprendiz de la naturaleza. Si quiere realmente cumplir con su deber, ha de tratar de conocer las relaciones que existen entre la salud y la alimentación."

Los ejemplos más antiguos de vegetarianismo provienen de la tribu de los Hunzas. Durante muchos siglos han llevado una vida tranquila y saludable, con una longevidad extraordinaria. Hombres de 80 años tienen la misma apariencia y vigor que los de 30. Siguen la doctrina budista y la palabra del Buda.:

"Feliz sería la tierra si todos los seres estuvieran unidos mediante lazos de benevolencia y se alimentaran únicamente de alimentos puros, sin derrame de sangre. Los dorados granos, las relucientes frutas y las sabrosas hierbas que nacen para todos bastarían para alimentar y dar hartura a todo el mundo."

Jesucristo vivió y enseñó una vida vegetariana. En un texto evangélico considerado apócrifo bajo el título *El Evangelio de los doce Santos*, Jesús manifiesta en su capítulo 21:

"He venido para abolir las fiestas sangrientas y los sacrificios, y si no cesáis de sacrificar y comer la sangre y la carne de los animales, la ira de Dios no dejará de perseguiros, así como también persiguió a vuestros antepasados en el desierto, que se dedicaron a comer carne y fueron eliminados mediante epidemias y pestes."

En el Apocalipsis de San Juan, capítulo 22 versículo 2, se encuentran las siguientes palabras:

"Las hojas de los árboles servirán de alimento para los pueblos."

Basilio, patriarca de los Monjes Orientales y Arzobispo de Cesarea, escribe en sus cartas:

"El cuerpo que se alimenta de carnes es más propicio a ser víctima de enfermedades. Un modo más moderado de vivir vuelve al hombre más sano y fuerte, cortando la raíz de las enfermedades. Los vapores de los alimentos de la carne oscurecen la luz del espíritu…"

Muchos afirman que Jesús nunca prohibió comer carne y que hasta Él mismo dice: "Lo que contamina al hombre no es lo que entra por su boca sino lo que sale de ella." Estas personas olvidan que Jesús hablaba en parábolas y estas no pueden interpretarse de forma literal, pues Él era vegetariano como también lo eran los primeros cristianos, tal y como se comprueba en las obras de San Juan Crisóstomo, en su carta a Plinio, el emperador Trajano, en la cual decía:

"Todos los cristianos primitivos se abstenían de comer carne" (Ep Lib. X, 96, Ed. Goshen).

Todavía existen vestigios de esto en nuestros días. Lo prueba la Iglesia Católica con la orden de abstinencia de comer carne en determinados días como el Viernes Santo.

Pasaron cuatro siglos después de Jesucristo para que por primera vez se permitiera comer carne a los sacerdotes cristianos. Fueron los discípulos de San Pablo quienes sustituyeron la enseñanza original de Jesús de forma que la costumbre de comer carne y pescado se instauró en principio de forma excepcional. Fueron ellos quienes lo solicitaron en el concilio de Ancyra en el cual todos los cristianos vegetarianos fueron impelidos a comer carne. Los sacerdotes que se negaron a ello fueron destituidos de sus cargos.

Según San Clemente de Alejandría (150 – 120 D.C.):

"Los sacrificios animales han sido inventados por el hombre como pretexto para poder comer carne."

Después de Jesús, San Clemente fue el cristiano que influyó más para que cesara la triste costumbre judía de sacrificar animales.

San Francisco de Asís era vegetariano y tenía una gran piedad con los animales. Vegetarianas eran las primeras congregaciones cristianas: franciscanos y dominicos son todavía hoy monjes trapistas.

Sin duda Jesús era vegetariano, por más que quieran invocar el milagro de los peces y que, de acuerdo con el rito judío, tuviese que comer el cordero Pascual. ¿Cómo podemos explicar que en la última cena solamente diera pan y vino a los discípulos? ¿Y el pan nuestro de cada día?

El profesor Delitsch, gran autoridad bíblica, afirmaba:

Jesús se alimentaba únicamente de pan y en algunas ocasiones de "opson". Opson es lo que algunas autoridades traducían como peces y de ahí que Jesús haya sido representado en algún cuadro junto al lago Tiberiades comiendo pan y pescado. Pero en ello hay un enorme error de traducción, pues según otra autoridad en el asunto, el profesor Springer, en su libro Enkarpa, página 147, opson era el nombre que los antiguos griegos daban a los alimentos que acompañaban al pan, tales como aceitunas, higos y dátiles. Pero los antiguos atenienses empleaban también esta palabra para referirse a los peces.

Verdaderamente sería absurdo pensar que los discípulos de Jesús no siguiesen el régimen alimenticio de su Maestro. Sabían bien lo que Jesús quería decir cuando hablaba así: "quiero piedad y no sacrificios. Alguna poderosa razón debería haber existido para que, como dice Plinio a Trajano, todos los cristianos primigenios fueran vegetarianos. Y esta razón solamente podría haber sido un mandamiento de su maestro, mandamiento este que infelizmente después ha sido olvidado por sus seguidores.

La sustancia astral inferior que emana de la carne del animal sacrificado penetra en el aura de los seres humanos, provocando mayor densidad en su transparencia natural e impidiendo los altos vuelos del espíritu.

Los iniciados de todos los tiempos y todas las eras hacían comidas simples. Los sacerdotes egipcios que iniciaron a Moisés en los secretos del Dios Amón debían ayunar y alimentarse exclusivamente de frutas antes de los rituales iniciáticos. Los esenios, doctrina a la cual pertenecía Jesús, eran estrictamente frugívoros.

En la India, no solamente los sacerdotes brahmanes, sino también la mayoría del pueblo, son vegetarianos. Todavía hoy los sacerdotes brahmanes sienten un cierto desprecio por los misioneros cristianos, que hablan de una religión de amor universal, cuando ellos mismos violan todos los días esta ley de bondad y piedad que debemos dar a todos los animales, nuestros hermanos menores.

Zoroastro, el gran iniciado persa, expresa su pensamiento en el texto sagrado Zend Avesta:

"La consciencia individual constituye la cumbre de toda la creación animal y su destrucción es una violación del pensamiento de la existencia colectiva y equivale a un crimen."

Muchas personas citan el capítulo 10 de los apóstoles, versos 11 a 17, queriendo con estas palabras probar que Dios autorizó al hombre a comer de todo. Pero se olvidan de que la visión es simbólica y su verdadera interpretación se encuentra en el versículo 28…

Durante la Edad Media el vegetarianismo cayó en el olvido. El hecho de alimentarnos de una manera racional purifica ciertamente la sangre y suaviza nuestras reacciones, permitiendo que de este modo podamos dominar a la bestia que vive dentro de nosotros y que muchos llaman *Yo inferior* el cual se ve estimulado por la alimentación carnívora.

Para que el vegetarianismo sea una ayuda en la evolución humana, debemos tener siempre en la mente la idea de estar trabajando en un camino que nos conducirá a una vida superior en el plano espiritual. En caso contrario el vegetarianismo será simplemente un acicate para sustentar a nuestro ego.

Como homenaje al Día Mundial de los animales, día 4 de octubre, día de San Francisco de Asís, me sentí emocionado al leer un poema de Sheila Moura, Presidenta de la Sociedad Educacional "Fala Bicho"[41] que transcribo abajo:

HOY ES MI DÍA

Soy aquel que te recibe con una caricia y lame tus heridas, sin preguntar si eres un asesino o cómo has podido dañarte así.

Soy aquel que vive en las matas o en las paredes de tu casa, preocupándose únicamente de equilibrar los sistemas de vida de los que dependes para sobrevivir...

Soy aquel que carga el peso de tu cuerpo e incluso de tus baratijas, para que las vendas y puedas comprar el pan de cada día.

Soy aquel que se restriega en tus piernas saludando a tu existencia y ahuyenta ratas, cucarachas y mal de ojo solamente para que tú tengas mejores condiciones de salud.

Soy aquel que roba una sonrisa de tus labios cuando me ves hacer piruetas o equilibrios a cambio del pago de un dinero que va al bolsillo de mi amo...

Soy aquel que entre las rejas del zoológico te hace pensar cuánto vale la libertad de vivir en el hábitat en que naciste.

Soy aquel que sirve de atracción turística en las plazas haciendo que tú sientas el placer de alimentarme, lo cual te retribuyo con volteretas de alegría.

---

41 N. del T. Literalmente "Habla Animal". Es una sociedad filantrópica cuyos fines son la protección y defensa de los derechos de los animales. Se constituyó en Brasil en 1993.

Soy aquel que es servido en bandejas, ollas y espetos, que hace poco escogiste en el mercado o en la carta de un restaurante simplemente para saciar tu hambre...

Soy aquel que es atado en mesas quirúrgicas, encerrado en jaulas o incluso dentro de aparatos de tortura y se somete a tus experimentos para que alcances la falsa fama y el poder...

Aun siendo ese que tanto te da, todavía me desprecias, me tratas con indiferencia, me abandonas en la calle, me haces pasar hambre y te deshaces de mí porque me hago viejo... pierdes así la posibilidad de ejercitar tu amor.

Tú me cazas, me matas diciendo que tienes miedo de mi piel helada y destruyes toda forma de supervivencia... así vives perdiendo la oportunidad de percibir los colores de la vida, pues soy la vida en movimiento vivo.

Tú me azotas. Me impones más peso del que puedo cargar y me haces pasar suplicios en los rodeos para ganar algún dinero... poco sabes el mal que haces, no haciendo de mí un compañero de tu soledad.

Me expulsas de las plazas, de las calles y callejones solamente porque tengo en la mirada el estilo de un ser a quien no puedes dominar y que realmente no deseas entender... pierdes la oportunidad de conocerte y respetar a tu semejante.

Te ríes de mi humillación por estar expuesto en picaderos, haciendo creer que eres poderoso y que tu látigo domina mi paciencia y ferocidad... pierdes mucho al no ver tu cara de placer morboso con una cierta sonrisa de sadismo.

Tú lanzas carcajadas y gritos en mi jaula no solo para mostrar tu falsa libertad sino también para provocarme una muerte con aburrimiento y con los recuerdos de los lugares de donde vengo... pierdes tanto al no visitar el lugar donde nací.

Tú me acusas de provocar enfermedades solo porque no consigues aceptar mis alas y la posibilidad de traer una rama de olivo en el pico, anunciando una nueva tierra... pierdes el rumbo de tu barco solo porque niegas que tengo el secreto de la vida.

Tú me matas degollándome, a mazazos, me empujas a una muerte por electrocución... pierdes la oportunidad de vivir sano, pues el veneno de mi carne se pudre en tu cuerpo ocasionando el desequilibrio de tus funciones.

Tú no te apiadas de mi sufrimiento, aun sabiendo que es inútil probar en mí lo que es bueno para ti, pues somos tan diferentes... pierdes la oportunidad de evolucionar la ciencia que necesitas para tu cura.

Pero no debes estar triste, pues un día volverás a tu planeta y, como conquistador, hasta llevarás a alguno de nosotros para exhibirlo a tu pueblo; por tanto, hasta que no llegue el día en que conozcas a Dios, déjanos en paz, o bien aprende de nosotros cómo vivir en armonía.

LOS DERECHOS
DE LOS ANIMALES

ARTÍCULO 1.

a) *Todos los animales nacen iguales frente a la vida y tienen el mismo derecho a la existencia.*

ARTÍCULO 2.

a) *Todos los animales tienen derecho al respeto.*

b) *El hombre, como especie animal, no puede atribuirse el derecho de exterminar a los otros animales, o a explotarlos, violando ese derecho. Este debe poner su consciencia al servicio de otros animales.*

c) *Todo animal tiene derecho a ser considerado, curado y protegido por el hombre.*

ARTÍCULO 3.

a) *Ningún animal será sometido a malos tratos o actos crueles.*

b) *Si la muerte de un animal es necesaria, esta debe ser instantánea, sin dolor o angustia.*

ARTÍCULO 4.

a) *Todo animal perteneciente a una especie salvaje tiene el derecho de vivir libre en su ambiente natural terrestre, aéreo o acuático y tiene derecho a reproducirse.*

b) *La privación de libertad, aún con fines educativos, es contraria a este derecho.*

ARTÍCULO 5.

a) *Todo animal perteneciente a una especie que vive habitualmente en ambientes humanos tiene derecho a vivir y crecer según su ritmo y condiciones de vida y libertad que son propias de su especie.*

b) *Toda modificación impuesta por el hombre con fines mercantiles es contraria a este derecho.*

ARTÍCULO 6.

a) *Todo animal escogido por el hombre para ser su compañero tiene derecho a una duración de vida conforme a su longevidad natural.*

b) *El abandono de un animal es un acto cruel y degradante.*

ARTÍCULO 7.

a) *Todo animal que es utilizado para trabajar tiene derecho a una limitación razonable de tiempo e intensidad de trabajo, así como a la alimentación y el reposo adecuados.*

ARTÍCULO 8.

a) *La experimentación con animales, que implique sufrimiento físico, es incompatible con los derechos del animal, aunque se trate de una investigación médica, científica, comercial o de cualquier otro tipo.*

b) *Deben desarrollarse y utilizar técnicas alternativas.*

ARTÍCULO 9.

a) *Ningún animal debe ser criado para servir de alimento. Deben ser nutridos, alojados, transportados y sacrificados sin que para ellos exista ansiedad o dolor.*

ARTÍCULO 10.

a) *Ningún animal debe ser usado para la diversión del hombre. La exhibición de animales y espectáculos que los utilizan son incompatibles con la dignidad del animal.*

ARTÍCULO 11.

a) *Cualquier acto que lleve a la muerte de un animal sin ser necesario es biocida, o sea, un crimen contra la vida.*

ARTÍCULO 12.

a) *Los actos que suponen la muerte de un gran número de animales salvajes son genocidios, es decir, delitos contra la especie.*

b) *El aniquilamiento y la destrucción del medio ambiente natural conducen al genocidio.*

ARTÍCULO 13.

a) *Los animales muertos han de ser tratados con respeto.*

b) *Las escenas de violencia en las que los animales son víctimas han de ser prohibidas en el cine y televisión, a menos que tengan como finalidad el mostrar un atentado a los derechos de los animales.*

ARTÍCULO 14.

a) *Las asociaciones de protección y salvaguarda de los animales deben tener representación a nivel de gobierno.*

b) *Los derechos de los animales han de ser defendidos por la ley, tal como los derechos humanos.*

DECRETO 24.645 (10/07/1934)[42]

Artículo 1º - *Todos los animales existentes en el país son tutelados por el Estado.*

Artículo 2º - párrafo 3º - *Los animales serán asistidos en Juicio por los representantes del Ministerio público, como sus sustitutos legales, y por los miembros de las sociedades protectoras de animales.*

Artículo 16º - *Las autoridades federales, estatales y municipales prestarán a los miembros de las sociedades protectoras de animales la cooperación necesaria para hacer cumplir la ley.*

ANIMALES EN APARTAMENTOS

Cualquier animal que viva en un edificio de apartamentos está amparado por la ley número 4591/64 y el artículo 544 del Código Civil.

Aunque exista un acuerdo de la comunidad de vecinos prohibiendo animales en los apartamentos, se permite su permanencia mientras que con ello no se perjudique el sosiego, la salubridad y la seguridad de los edificios.

---

42 N. del E. Textos legales procedentes de la ley vigente en Brasil en el momento en que se escribió el libro.

*Ley municipal vigente (municipio de Río de Janeiro) -
Ley número 2284/95, que prohíbe la realización de eventos
y espectáculos que promuevan el sufrimiento y sacrificio de
animales.*

*Ley en proceso de tramitación en la Cámara federal - Ley
número 2155/96, que prohíbe ayudas oficiales a Entidades
que promuevan o colaborenn con el sufrimiento o sacrificio
de animales.*

†

UN TEXTO FUERTE

(Del libro El Contrato Animal, *de Desmond Morris,
autor de* El Mono Desnudo*)*

Los cambios que provocamos en el medio ambiente
hacen que el planeta se esté volviendo impropio para la
vida humana de forma muy rápida. Somos víctimas de
nuestra propia inventiva. No somos una especie rara,
aunque sin duda somos una especie amenazada.

El hombre está agrediendo de tal forma las regiones
salvajes, que en pocas generaciones estas podrían dejar
de existir.

Los ambientalistas se preocupan cada vez más del
modo en que contaminamos el agua, devastamos la tierra
y comprometemos la atmósfera, pero la humanidad está
cometiendo otro crimen contra sí misma: rompiendo el
Contrato Animal. Este es un contrato en vigor entre nosotros y el resto de animales, haciéndonos socios en el
reparto del planeta.

La base de este contrato es que cada especie debe limitar su crecimiento poblacional de forma que permita que otras formas de vida coexistan con ella. Los otros animales consiguen cumplir sus contratos los unos con los otros y nosotros necesitamos aprender de ellos. Todas las formas de vida son interdependientes. Los depredadores necesitan presas y las presas necesitan vegetación. La superpoblación acarrea escasez de víveres y cada especie ha desarrollado su propia forma de control poblacional para evitar un crecimiento desastroso. Una forma común de control es aquella en que la hembra deja de reproducirse cuando tiene exceso de hijos.

Durante cerca de un millón de años, nuestros antepasados vivieron en pequeñas tribus de entre 80 y 100 individuos. Como tenían gran disponibilidad de alimento y tierra para ocupar, la superpoblación no era un problema.

En 10.000 años hemos avanzado desde la edad de piedra hasta la era nuclear, cargando con nosotros un legado genético tribal, que se resume en: *"si tienes alimento procrea cuanto quieras"*. El resultado es que comenzamos a maltratar al planeta en un proceso que confundimos con progreso. Con el fin de progresar de forma apropiada, deberíamos habernos concentrado en la calidad y no en la cantidad. La calidad de vida de algunos puede ser mejor que nunca, pero para muchos millones la lucha diaria está peor que en aquellos días de la edad de piedra. Cuanto más rápido se elevan los números peor son las condiciones de vida.

Además de los daños provocados al medio ambiente, nuestra impetuosa carrera por el dominio del mundo hizo olvidar a nuestra especie la verdad básica de que somos animales y parte de una biosfera interactiva. Exploramos innovaciones emocionantes sin considerar sus posibles desventajas. La inventiva humana ha sido como una droga cuyos efectos colaterales dejamos de testar. Algunas regiones con mayor claridad en el mundo se asustan con el terrible pensamiento de que un día podremos despertarnos y encontrar que el planeta está irreversiblemente destruido. ¿Cómo podemos permitir que eso ocurra? Parece que la respuesta es que todo comenzó cuando incumplimos el *Contrato Animal*: en el momento en que comenzamos a subyugar a nuestros compañeros animales, los problemas comenzaron para nosotros. Empezamos a crear un mundo cada vez más desigual, poblado de inestabilidades básicas que ni nuestra gran inventiva puede controlar. En los últimos 10.000 años perjudicamos el equilibrio de la naturaleza en proporciones tales que ahora solamente un cambio radical en el comportamiento de la humanidad podría compensar los daños.

La rotura del *Contrato Animal* ha sido desastrosa de dos formas diferentes. En primer lugar, rompió la compleja red biológica de formas de vida de este planeta. Esta ha sido tan acelerada y desfigurada, que ahora existen serios riesgos de crisis en la alimentación, epidemias y colapso en los ciclos de la vegetación. Puede ser que nos convirtamos en los mayores constructores de desiertos de la historia del planeta.

Además de esto, la rotura del *Contrato Animal* nos alejó tanto de nuestros compañeros, que ya no razonamos de manera biológica. No nos damos cuenta de que necesitamos soluciones biológicas para muchos de nuestros problemas; no soluciones químicas, matemáticas o políticas, sino más soluciones animales, pues nosotros mismos somos animales. Para entender esto necesitamos tener relaciones más cercanas con otras especies. Las cláusulas del contrato a través del cual compartimos el planeta con ellas deberían basarse en el respeto y no en la explotación. Necesitamos dejar de despreciar el *Contrato Animal* y controlar nuestro impulso de dominar a todas las demás especies hasta hacerlas desaparecer.

Necesitamos examinar de manera fría y racional los errores que hemos cometido y cómo y por qué los cometemos.

Con excesiva frecuencia, al examinar nuestra forma decadente de relacionarnos con los animales, hemos recurrido a excusas emocionales. Es fácil explicar los motivos por los que actuamos así, pero esas alegaciones son menos útiles de lo que pueden parecer. Cuando un juez juzga el desprecio a las leyes humanas lo hace de manera calmada y cuidadosa. Cuando juzgamos el desprecio a una ley de la naturaleza, debemos también actuar como jueces. Antes de dictar sentencia hacia la raza humana, debemos considerar todos los hechos. ¿Cuál es la historia completa del *Contrato Animal*? ¿Cómo comenzó, en los orígenes de la raza humana, y cómo fue corrompido en las épocas siguientes? A partir de ese estudio podremos encontrar una manera de reparar el *Contrato* antes de que sea demasiado tarde. Esas son las preguntas que ahora debemos comenzar a responder.

†

LOS NUEVOS DINOSAURIOS

(Del libro El Contrato Animal, *de Desmond Morris)*

Como si estuviera poseído por un ser, una entidad protectora de los animales, Desmond Morris propone una nueva declaración de derechos para los animales, con una narrativa emocionante:

Todas las cláusulas en este contrato deben garantizar una explotación mínima, ausencia de todo sufrimiento innecesario y una máxima posibilidad para expresar patrones naturales de comportamiento de las especies en cuestión. Para ello la preocupación de los seres humanos debe contribuir en pago del trabajo que los animales hacen para nosotros, de la comida que nos dan y de la compañía que nos proporcionan.

Necesitamos una nueva declaración de derechos para los animales, 10 mandamientos que nos llevarán a respetar nuestros Contratos Animales en todos los aspectos:

1. Ningún animal será dotado de cualidades imaginarias buenas o malas para satisfacer nuestras creencias supersticiosas o los prejuicios religiosos.

2. Ningún animal será dominado o degradado para divertirnos.

3. Ningún animal será mantenido en cautiverio a no ser que le pueda proporcionar la ambientación física y social adecuada.

4. Ningún animal será mantenido como mascota a no ser que pueda adaptarse fácilmente al modo de vida de su dueño.

5. *Ninguna otra especie animal será llevada a la extinción debida a la persecución directa o al creciente aumento de la población humana.*

6. *Ningún animal sufrirá dolor o angustia para proporcionarnos un deporte.*

7. *Ningún animal será sujeto a sufrimiento físico o mental con fines experimentales innecesarios.*

8. *Ningún animal de granja será mantenido en ambientes inadecuados con el fin de abastecernos de alimentos o productos agrícolas.*

9. *Ningún animal será explotado por su piel, cuero, marfil o cualquier otro artículo de lujo.*

10. *Ningún animal será forzado a cumplir tareas pesadas que le causen estrés o dolor.*

Esta declaración de derechos no representa una idea fantástica. Es práctica y posible. No obstante, está muy lejos de ser implementada en el mundo actual. Incorpora ideas poco radicales en el movimiento de liberación de los animales. Ese movimiento, rehusando aceptar argumentos de orden económico para servirse de cualquier animal, forma parte de las nuevas luces que representan un paso fundamental en nuestras actitudes en relación al bienestar y la posición de los animales. Si sus miembros consiguieran persuadirnos para que respetemos las condiciones de esta declaración de derechos habrán conseguido una importante revisión del *Contrato Animal.*

Es deshonroso romper un contrato, y esto es lo que hemos hecho con nuestros amigos animales. Ellos son nuestros parientes y nosotros somos también animales.

Ser brutos con ellos supone que nos brutalizamos en todos los aspectos de nuestras vidas, tanto con los seres humanos como con el resto de las especies. Toda cultura que siente parentesco con los animales será una cultura que mantiene sus raíces.

Si nos olvidamos de nuestros humildes orígenes, comenzaremos a imaginar que podemos hacer lo que queramos con nuestro pequeño planeta. En no mucho tiempo, nos transformaremos en los nuevos dinosaurios. Fósiles para alguna era futura.

†

EL ABANDONO, CRIMEN HEDIONDO

Silvia Lakatos

Silvia Lakatos es una de esas personas especiales, planetarias. Ella invierte todo su salario en sus animales, entre alimentación, vacunas, cuidados, etc. Dedica gran parte de su vida a los animales. Tengo certeza de que el gran espíritu animal está siempre con ella. Que Dios te bendiga querida Silvia.

Hago aquí un relato personal. Pero no es de mi experiencia de lo que hablo. Hablo, eso sí, de la experiencia de horror vivida por la gatita Camila, a la que arrancaron una pata delantera con alicates. Hablo también del miedo y del dolor que el pequeño Pink, un perrito de aproximadamente 10 años, debió haber sentido cuando sus ojos fueran vaciados (¿por quién?). Hablo también del frío y el hambre, la tristeza y desamparo, que ciertamente dominaron a los más de 50 gatitos que yo amamanté, porque habían sido separados de sus madres al nacer y arrojados en las calles, por personas absolutamente sin escrúpulos, sin alma y sin corazón.

Hoy tengo 30 años y puedo decir que más de 20 de ellos los he dedicado a la causa animal. Desde niña nunca soporté ver a un animal sufriendo. No sé si se debe a que ese es mi karma o tal vez me llevó a ello el hecho de que estuve en contacto con un gran número de casos terribles como los que he narrado arriba. Son tantos, tantos, tantos...

Pero no me voy a detener sobre casos circunstanciales, pues lo que importa es la totalidad. Usted, que está leyendo esta obra sobre el Espíritu Animal, escrita por mi querido Leo Artese —una de las personas más maravillosas que he conocido en esta vida— debe estar preguntándose si no estamos exagerando al relatar los hechos más crueles. Pues puede tener la certeza de que estamos suavizando. Yo, particularmente, tengo una vivencia más específica con cuestiones relacionadas con perros y gatos, pero puedo asegurar que animales de todo tipo y especie se ven frecuentemente sometidos a las más diversas formas de violencia.

En nuestro trabajo nos topamos día tras día con la tragedia del abandono. Visite la página web www.carrocinhanuncamais.com.br para poder leer un poco sobre este drama en nuestro país, miles de animales son sacrificados todos los días en los centros de control de zoonosis, que están distribuidos por un gran número de municipios. Solamente de San Paulo, alrededor de 200 perros y gatos se ejecutan todos los días y en muchas ciudades todavía se utilizan métodos de sacrificio absolutamente dolorosos y anticuados como shock eléctrico, ahorcamientos, garrotazos, además de las obsoletas cámaras de gas, escenarios dignos de película de terror.

La mayor parte de los "condenados" son crías y hembras preñadas. Víctimas del olvido y la irresponsabilidad, cami-

nan dócilmente hacia su muerte. En su inmensa mayoría, esos animalitos son dóciles y amorosos y el único crimen que han cometido ha sido el haber nacido.

Y no sirve querer mirar para otro lado de esta horrible realidad. Nos corresponde a cada uno de nosotros cambiar esto. Una eficaz forma de ayudar en esta lucha es promoviendo la esterilización de los animales. Puede ser que usted encuentre extraño que una defensora de los animales promueva la castración, pero yo le pregunto: ¿qué es mejor, impedir el nacimiento de miles y miles de vidas, o permitir que más criaturas lleguen al mundo para encarar ese triste destino?

Los centros de zoonosis se encuentran abarrotados de animales condenados a la muerte, siendo las posibilidades de adopción de alrededor del 2%, por lo que la muerte es casi segura. Esto sin contar los cientos de miles que deambulan por las calles, sujetos a patadas, atropellos, enfermedades y actos criminales de personas como aquellas que arrancaron la pata de Camila y los ojos de Pink.

Si usted cree que los abrigos de piel son una buena opción, olvídelo. Todos, sin excepción, se enfrentan a problemas como la masificación y la falta de recursos, sin contar con el factor emocional —los animales para pieles llevan una vida vegetativa y tienden a morir de forma prematura—.

Por tanto, la castración es la única solución que garantiza 100% evitar la superpoblación de animales domésticos. Y, tal y como la ciencia ha comprobado, es un método seguro que no supone riesgo alguno al animal. Por el contrario, en las hembras elimina problemas como la piometra y el cáncer de mama, que son males frecuentes entre perras y gatas viejas.

En cuanto a que se cohíba el instinto reproductor del animal, solo quiero hacer notar lo siguiente: nosotros, los seres humanos, somos libres y racionales. Podemos, por tanto, elegir el momento en que queremos tener hijos (al menos podemos hacerlo en principio). Además de esto, alimentamos una serie de expectativas respecto al amor, la sexualidad y la constitución de una familia. Como seres humanos poseemos el "don" de pensar sobre todo esto. No es el caso de los animales. Ellos ni siquiera saben que han sido castrados y, por tanto, no se produce una alteración en su comportamiento como consecuencia de ello.

Así, si tiene usted amor en su corazón, intente hacer su parte, sea castrando a su animal o distribuyendo esta información. No ignore el dolor y sufrimiento de estos seres que no pueden responder por sí mismos.

Jamás abandone a un animal. En la medida de lo posible acoja a algún "sin techo". Pero recuerde que, al adoptar una mascota, está asumiendo un compromiso con una vida que puede durar 10, 15 ó 20 años. Esa vida va a exigir atenciones, alimentación y alojamiento adecuados, cuidados veterinarios...

A cambio va a recibir caricias y lametones y el derecho a sentirse niño siempre que quiera. Finalmente es una suerte el poder asistir a las gracias que las mascotas realizan. Tan inocentes, tan lindas, tan sufridas...

Entre gatos y perros, cuido actualmente de unos 150 animales en una propiedad de mi familia. Trabajo mucho e invierto prácticamente todo lo que gano en su beneficio. Tal como yo existen muchos otros compañeros —principalmente mujeres—, que creen que todas las formas de vida merecen respeto y que luchan para que ese sueño se haga realidad algún día.

También participo en un refugio de animales, la Quinta de San Francisco, situado en uno de los barrios más desfa-

vorecidos de Sao Paulo. Cuidamos de unos 8000 animales y vemos cómo las condiciones empeoran día a día. Somos muy pocos en vista de la dimensión de la tragedia.

Por favor, nunca vuelva a pensar que los animales abandonados no son problema suyo. Sí que lo son. Y ellos sufren. No hablan ni tienen capacidades abstractas, pero sufren, pasan hambre y frío, al igual que usted. Y lo que es peor, no saben cuál es la causa de su sufrimiento. Así, deje fluir su energía amorosa y haga su parte. Ojalá todo el mundo se dedicara a los niños, ancianos y demás seres desprotegidos de este planeta. ¿Puede imaginar cómo de mejor sería el mundo en que vivimos?

Hoy Camila y Pink viven conmigo. Conseguí salvarlos. Ella es traviesa y juguetona. Ni siquiera se nota que tenga solamente 3 patas. Pink, aunque ciego, recorre toda la casa, subiendo y bajando escaleras sin tropezar con nada. ¿Sabe por qué? Porque la energía del amor es transformadora. ¡Haga algo y forme parte de la solución!

Amorosamente

Silvia Luiza Lakatos

RIESGO DE EXTINCIÓN

En el mundo entero el tráfico de animales vivos florece. Los consumidores son coleccionistas privados, laboratorios de investigación, tiendas de animales, zoológicos, circos, industria de pieles, etc.

Tras el tráfico de drogas y armas, el animal es el tercer mayor negocio de contrabando del mundo.

La falta de conciencia ecológica y las actitudes depredadoras en las zonas forestales han generado la desaparición de especies animales; los cazadores, o sea el hombre, continúa siendo el mayor causante de desequilibrios en el medio ambiente, incluyendo todo el planeta y su atmósfera. Algunos estudios dicen que hay más de 5.000 especies animales amenazadas de extinción. El aumento de población va destruyendo la vida salvaje.

El mico león dorado, de la mata atlántica brasileña, estuvo cercano a su extinción en la década de los 70, llegando apenas a 100 ejemplares. Es uno de los primates más raros del planeta. Su especie ha sido garantizada gracias al trabajo de organizaciones nacionales e internacionales de protección a los animales. Una de las mayores causas del problema fue el pretexto de hacerlos servir como animales de compañía o para su exhibición en zoológicos. Otro gran problema es la propia destrucción de la mata atlántica. Además de este mono, están incluidos el mico león de cara dorada y el macaco de rabo amarillo de Perú.

El leopardo es el mayor felino del continente americano. Su piel es muy apreciada, siendo el mayor motivo de su peligro de extinción. Esta especie ha desaparecido prácticamente de América del Norte, y algunas fuentes citan la posibilidad de su extinción en El Salvador, Uruguay y Chile. A pesar del riesgo de extinción en Argentina, Costa Rica y Panamá, el animal continúa siendo cazado.

En Brasil han sido prácticamente exterminados en toda la mata atlántica, en el sotobosque y en la caatinga[43]. La cuenca amazónica y el pantanal son unas de las últimas regiones que todavía tienen leopardos. Otros factores para su desaparición son la destrucción de su hábitat, los indios que los utilizan como parte de su medicina, áreas ganaderas y actividades madereras.

La mayor parte de los gorilas se encuentra en reservas africanas. Los legendarios gorilas de montaña tienen sus días contados. Ellos son genéticamente idénticos al hombre (en un 97%) y por ello se usan como cobayas, siendo disputados por cazadores para venderlos a la industria farmacéutica. También la destrucción de su hábitat acelera su fin, además de las guerras locales. Algunos estudios indican que quedan alrededor de 237 ejemplares.

Más de 2.000 millones de monos Rhesus fueron sacrificados en nombre de la investigación de la vacuna contra la poliomielitis. Los orangutanes, también en vías de extinción, se utilizan en investigaciones recibiendo inyecciones del virus del sida.

---

43 N. del T. Ecosistema exclusivo de Brasil que ocupa aproximadamente el 10% de su territorio. Es zona de matorral bajo y características semidesérticas, con vegetación espinosa, típica de los desiertos.

Las grandes multinacionales farmacéuticas y la pérdida de su hábitat son los mayores responsables de su desaparición[44].

Los delfines rotadores de Fernando de Noronha[45] se ven amenazados por los barcos pesqueros. Muchos mueren ahogados al caer presos en las redes de los pescadores de atún. En Filipinas, Australia y Venezuela, los delfines son capturados con diferentes artes de pesca y su grasa se utiliza como cebo para la pesca del tiburón.

En Fernando de Noronha, la mayor amenaza es el turismo, que crece desordenadamente, generando impactos ambientales negativos. Aumento de la basura y los vertidos, así como el consumo de agua, incrementándose así la interferencia humana en el ecosistema local.

El papagayo azul se encuentra mayoritariamente en el pantanal de Brasil. La destrucción de su hábitat y su captura para el comercio son dos factores que están extinguiendo la raza. Algunos naturalistas relataban el encuentro de centenares de papagayos azules en sus expediciones por Brasil, Bolivia y Paraguay, donde la especie está hoy prácticamente extinguida. El pantanal es una de las mayores reservas naturales de fauna, con varias especies actualmente amenazadas: el lobo guará (aguará guazú), el zorro de campo (jaguapitango), el perro venadero (cachorro do mato vinagre), el ciervo del pantanal, el venado campero, etc.

---

44 Extraído del texto de José Manuel Moroso.

45 N. del T. Delfín conocido científicamente como "Stenella" y también como "Spinner Dolphin". Se llaman así porque al saltar fuera del agua hacen hasta 7 giros rotatorios longitudinales. Son muy abundantes en un Archipiélago volcánico situado a 350 km de la costa nordeste de Brasil, denominado Fernando de Noronha.

El lobo guará se encuentra en Brasil central, desde el sudeste de Piuai hasta el norte de Argentina y Paraguay. El avance de las zonas urbanas y campos agrícolas, la deforestación y la caza para el comercio de pieles están llevando a este animal al borde de la extinción.

Hay en el mundo alrededor de 7.500 tigres, encontrándose el 60% en territorio de la India. Este es el país que más recursos dedica a su preservación, pero estos esfuerzos se ven comprometidos por culpa de los traficantes.

Sus huesos se venden para ser transformados en polvos medicinales, utilizados para la cura del reumatismo, según creen algunos curanderos chinos. Estos creen también que aumenta la longevidad y que las píldoras hechas con sus ojos acaban con las convulsiones. También hacen una sopa con pene de tigre para aumentar la virilidad. Este plato de sopa cuesta una media de 320 USD.

Su piel puede costar hasta 15000 USD en el mercado árabe. Además del tráfico, los propios cazadores van destruyendo el hábitat natural de los tigres.

El panda, originario de China, se encuentra en riesgo de extinción debido a los cambios climáticos (calentamiento) y a las variaciones de su hábitat. Los interesados en su piel y la invasión de su territorio por la agricultura son también factores que aceleran el proceso de extinción.

La expansión urbana, la iluminación de playas, las redes de pesca, la contaminación y el tráfico en las playas han puesto en riesgo a las tortugas marinas de Brasil. Se destaca aquí el brillante trabajo que ha desarrollado el Proyecto de Educación Ambiental Tamar, en pro de la preservación de las tortugas marinas.

Conozca algunas especies en riesgo:

Lobo ceniciento, águila calva, águila real, alce americano, ante baird (tapir), antilocapra americano, antílope, ave del paraíso, ajolote, ararauna, babuino gelada, bisonte americano, bisonte europeo, cabra montañesa, camello, canguro de los árboles, canguro de pies amarillos, canguro de cola de estandarte, buitre negro europeo, addax, cangrejo de los cocoteros, carnero salvaje, castor canadiense, chimpancé, chinchilla de cola larga, cisne trompetero, codorniz enmascarada, cóndor de California, cocodrilo americano, cocodrilo africano, cocodrilo de la India, cocodrilo de Nueva Guinea, cocodrilo del Orinoco, dragón de Komodo, elefante africano, elefante indio, equidna de pico largo, wombat, flamenco andino, foca monje, gaviota de andouin, gallito de las rocas, gauro, gavial, gorila de montaña, murciélago herradura gigante, rinoceronte indio, grulla de Manchuria, lobo guará, arpía, hiena oscura, hipopótamo pigmeo, huemul chileno, ibis calva, jaguarundi, kea, león marino australiano, león marino de Nueva Zelanda, lemur mangosta, leopardo de las nieves, lobo de la selva, loris lento, macaco cola de león, mandril, monstruo de Gila, numbat, leopardo, pantera negra, orangután, panda gigante, panda rojo, pangolín, papagayo de pecho rojo, papagayo marino, quetzal, rinoceronte negro, sagui de topete de algodón, takahe, toso hormiguero bandera, galápago gigante, tortuga marina, tortuga verde, urogallo, tigre, tuatara, cacajao blanco, oso marrón europeo, oso negro, venado campero, vicuña, cebra grévy…

Y podría ser que al terminar de leer esta lista otras especies se hayan sumado. Esto depende de nosotros, los humanos y principalmente de aquellos que nos gobiernan.

AL MENOS PODEMOS REZAR

ORACIÓN DE MISERICORDIA
POR NUESTROS AMIGOS ANIMALES

¡Oh, Grande, y misericordioso Dios de todos!

¡Invocamos a la plenitud de vuestra compasión para todos nuestros amigos animales, principalmente para aquellos que están agotados por exceso de trabajo o son cruelmente tratados!

¡Para toda criatura agonizante que, en sus cautiverios, golpea contra las rejas!

¡Para todos los que sufren, suplicamos vuestra dulce misericordia!

¡Que podamos ser para ellos los "amigos de misericordia"!

¡Que toda la vida sea incluida en la "Victoria del Amor", en todos los lugares y rincones de la Tierra! ¡En nombre de la Altísima Vida presente en todas partes, en nombre del Ascendido Señor Jesucristo, apelamos para que eso se cumpla en la Tierra, ahora! Así sea.

Puente para la libertad.

LLAMA VIOLETA PARA LOS ANIMALES

¡Oh, Dios todopoderoso presente en mi corazón! ¡Oh Mi amada presencia Yo Soy, pido y ordenó que la Llama Violeta de la transmutación tome posesión de los animales de la tierra libertándolos de su forma imperfecta! (3 x)

Cúpulas de Saint Germain

Salmo 35 (protección de los animales)

Salmo 49 (protección de los animales domésticos)

Salmo 77 (enfermedades de los animales)

Salmo 113 (para rebaños y animales domésticos)

Salmo 134 (para protección de los animales)

Salmo 143 (para la fecundidad de los animales domésticos)

Salmo 144 (bendición de los animales domésticos)

EN BENEFICIO DE LOS ANIMALES

En nombre de la Amada Presencia de Dios "YO SOY" / y de nuestro propio sagrado Cristo interno / Amado Maha Chohan y Tus Legiones de Luz / elevamos nuestra voz / en beneficio de los pájaros, de los cuadrúpedos y de toda la vida elemental prisionera / que no es capaz de hacer eso por sí misma.

Amados Devas Alma Grupal de los Animales / y muy amado Maestro Ascendido Saint Germain / Encended Vuestro Fuego Violeta. (3 x)

A través del Reino Animal / y haced que esas vidas expresen / la Belleza y la Perfección de sus Planos Divinos / cuida para que los pájaros, los cuadrúpedos y los animales en general / tengan una tranquila transición. ¡Que así sea, Amado Yo Soy!

GRUPO AVATAR

BENDICIÓN A LOS ANIMALES

Con un ramo de romero, guine o ruda, se bendice al gato, perro, etc., recitando esta oración:

Yo te bendigo, pobre animalito para que de tu cuerpo salga todo el fluido negativo o las vibraciones provenientes de mal de ojo, envidia o celos que te hayan vertido. Que pase para este ramo de la planta bendecida, toda influencia negativa que te esté atormentando, sea de tristeza, de dolor, de angustia o enfermedad espiritual.

Que tu Ángel guardián que vela por tu especie esté en este momento asistiéndome y dándome fuerzas para que te libere de tus males y vuelvas a vivir con la misma alegría y disposición de antes, porque también eres hijo de Dios y Él te concedió la vida para que tengas progreso y cumplas tu parte junto a nosotros los humanos.

Dios de Infinita Sabiduría y Bondad, dame fuerzas para que expulse de este animal, tu criatura, toda maldad que por ventura le afecte en su existencia normal. Junto al amor que le profeso, que las vibraciones positivas y saludables puedan sanear las cargas fluídicas maléficas que hayan sido colocadas por algún hermano imperfecto que lo envidie o quiera así; haz que se cure de la enfermedad y del malestar natural venido de alguna cosa que comió o sufrió, produciéndole la perturbación. Haz, Señor, que el mal que tenga pase a esta rama y desaparezca después sin perjudicar a quienquiera que sea, incluso a la persona que consciente o inconscientemente produjo el mal. Así sea.

(Al finalizar se entierra la rama con la que se bendijo, o se tira al agua corriente, para que los fluidos no perjudiquen a nadie)

EDSON ORPHANAQUE

CITAS QUE NO SE APRENDEN
EN LA ESCUELA

"He aquí que os doy todas las hierbas, quedan semillas sobre la tierra y todos los árboles, que encierran en sí mismos semillas de su género, para que os sirvan de alimento."

GÉNESIS 1: 29

"El que mata a un buey es como herir a un hombre…"

ISAÍAS 66:4

"El justo mira por la vida de sus animales."

PROVERBIOS 12:10

"Si vieras acostado bajo su carga al jumento de aquel que te odia, no pasarás de largo; ciertamente lo ayudarás a levantarlo."

ÉXODO 23:5

"¿Para qué me sirven a mí la multitud de vuestros sacrificios?, dice el Señor. Estoy harto de holocausto de carneros y de la grasa de animales cebados; no me agrada la sangre de los novillos, ni de los corderos, ni de las ovejas, cuando vienes a presentarlos frente a mí. ¿Quién te requirió eso, que vinieses a pisar mis atrios? No continúes haciéndome ofrendas."

ISAÍAS 1:11-13

"Hay sangre en vuestras manos; lavaos, purificaos; sacar de mis ojos la maldad de vuestros actos; dejad de hacer el mal."

ISAÍAS 1:16

"Por misericordia y no sacrificios es el conocimiento de Dios, más que los holocaustos."

Oseías 6:6

"Más si tú supieses lo que significa: misericordia no es sacrificio, no condenaríais a los inocentes."

MATEO 12:7

"Mirad las aves del cielo, que no siembran ni siegan ni recogen en graneros; y vuestro Padre Celestial las alimenta."

MATEO 6:26

"Bueno es el Señor para todos. Y sus misericordias para todas las criaturas."

SALMOS 145:9

"Todas las cosas de la creación son hijos del Padre y hermanos del hombre..."

"Dios quiere que ayudemos a los animales que precisan de ayuda. Toda criatura en desgracia tiene el mismo derecho a ser protegida."

SAN FRANCISCO DE ASÍS

"*Los vapores de las comidas con carne oscurecen el espíritu. Difícilmente se puede tener virtud al disfrutar de comidas y fiestas en las que haya carne. En el paraíso terrenal no había vino ni sacrificio de animales. Tampoco se comía carne.*"

SAN BASILIO

"*Reconoced la grandeza de Dios en esa armonía admirable que hace todo solidario en la Naturaleza. Creer que Dios haya hecho alguna cosa sin objetivo y creado seres inteligentes sin futuro, sería blasfemar contra su bondad, que se extiende sobre todas sus criaturas.*"

EL LIBRO DE LOS ESPÍRITUS - ALLAN KARDEC 607

"*Ya tenéis pruebas irrecusables de que podéis vivir con óptima salud sin recurrir a la alimentación carnívora.*"

RAMATÍS - FISIOLOGÍA DEL ALMA

"*El hombre implora la misericordia de Dios, mas no tiene piedad de los animales para los cuales él mismo es un Dios. Los animales que sacrificáis ya os dieron el dulce tributo de su leche, la blandura de su lana y depositaron su confianza en las manos criminales que los degüellan. Nadie purifica su espíritu con sangre. No es posible colocar en la inocente cabeza de los animales ni un cabello de las maldades y errores por los que cada uno tendrá que responder.*"

BUDA

"*Las personas son ahora adictas a comer carne animal, a pesar de contar con un amplio suplemento de granos, frutas y leche. No hay necesidad alguna de matar animales.*"

"Los animales están también progresando en su evolución a través de la transmigración de una categoría de vida animal a otra. Si se mata un animal particular, su progreso se ve interrumpido..."

BHAGAVAD-GITA

"Comience la renovación de sus costumbres por el plato de cada día. Disminuya gradualmente la voluptuosidad de comer carne animal. El cementerio en la barriga es un tormento, después de la gran transición."

PSICOGRAFIADO POR CHICO XAVIER

"La ingesta de vísceras animales es un error de enormes consecuencias, de lo cual derivan numerosos vicios de la nutrición humana. Es lamentable semejante situación, dado que, si el estado de materialidad de la criatura exige la aportación de determinadas vitaminas, estas se encuentran en productos de origen vegetal, sin necesidad alguna de mataderos y cámaras frigoríficas."

DEL LIBRO "EL CONSOLADOR" DE EMMANUEL,
PSICOGRAFIADO POR CHICO XAVIER.

"La falta colectiva de respeto a la Ley del Amor, a través de las carnicerías de animales, vuelve a quien come de ellas corresponsable con los autores materiales del acto. La absorción de vibraciones infrahumanas retarda el mejoramiento espiritual del hombre."

DEL LIBRO PSICOGRAFIADO:
NUEVOS DIÁLOGOS HERMÉTICOS

"Siento que el progreso espiritual requiere, en una determinada etapa, que paremos de matar a nuestros compañeros, los animales, para la satisfacción de nuestros deseos corporales."

GANDHI

"La verdadera bondad del hombre solo puede manifestarse con toda su pureza, con toda la libertad, en relación a aquellos que no representan ninguna fuerza. El verdadero test moral de la humanidad (lo más radical en un nivel profundo que escapa a nuestra mirada), son las relaciones con aquellos que están a nuestra merced, los animales. Y es ahí donde se produce el mayor desvío del hombre, la derrota fundamental a partir de la cual llegan todas las demás."

MILÁN KUNDERA

"Los animales que usted come no son los que comen a otros. Usted no come bestias carnívoras, sino que las ingiere como costumbre. Usted solo siente hambre de las criaturas dulces y mansas que no hieren a nadie. Aquellas que le siguen y sirven y son devoradas por usted, como recompensa a sus servicios."

JEAN JAQUES ROUSSEAU

"Un hombre es verdaderamente ético solo cuando obedece a su impulso de ayudar a toda la vida a la que es capaz de auxiliar y evita herir a cualquier ser vivo."

ALBERT SCHWEITZER

"El motivo animal simboliza habitualmente la naturaleza instintiva y animal del hombre…"

"En el hombre, el ser animal (que es la psique individual) puede volverse peligroso si no es reconocido e integrado en la vida del individuo."

JUNG

"Los perros aman a sus amigos y muerden a sus enemigos, muy diferente a las personas, que son incapaces de sentir amor puro y mezclan siempre reacciones de amor y odio en sus relaciones."

SIGMUND FREUD

"Los incendios provocados y la crueldad con los animales son dos de las tres señales que en la infancia señalan al potencial asesino en serie."

JOHN DOUGLAS,
ANALISTA DEL FBI QUE ESTUDIA EL PERFIL DE ASESINOS

"El animal humano es el animal que simboliza, y no solo es el acto mismo de simbolizar la principal característica de la inteligencia humana, sino también la más fundamental para ella."

JAMES N. POWELL

"La biología evolucionista nos recuerda nuestra afinidad con los primates y otros animales y, en último análisis, de nuestro parentesco con toda la vida sobre la Tierra."

RUPERT SHELDRAKE

"Nada beneficiará tanto a la salud humana y aumentará las posibilidades de vida en la Tierra como su evolución hacía una dieta vegetariana. El estilo de vida vegetariano, por sus efectos físicos, influirá sobre el temperamento de los hombres de forma que mejorará mucho su destino."

ALBERT EINSTEIN

"Los animales son mis amigos… y yo no me como a mis amigos."

GEORGE BEMARD SHAW

"La protección de los animales forma parte de la moral y la cultura de los pueblos."

VÍCTOR HUGO

"Mientras el hombre siga destruyendo sin piedad a los seres animados de los planos inferiores, no conocerá ni la paz ni la salud. Mientras los hombres masacren a los animales, se matarán los unos a los otros. Aquel que siembra muerte y sufrimiento no puede recoger alegría y amor."

PITÁGORAS

"Si los experimentos con animales se abandonaran, la humanidad daría un avance fundamental."

RICHARD WAGNER

"No solamente el hombre fue hecho a imagen y semejanza de Dios: también lo fueron el jaguar, el búfalo, el oso, el

águila, la serpiente, las mariposas, los árboles, los ríos y las montañas."

JOSEPH CAMPBELL

"Los animales se encuentran más cerca que nosotros de la Fuente Divina."

STEPHEN LARSEN

"El destino de los animales es mucho más importante para mí, que el miedo a hacer el ridículo."

ÉMILE ZOLA

"La compasión hacia los animales es una de las más nobles virtudes de la naturaleza humana."

CHARLES DARWIN

"La civilización de un pueblo se avala con la forma en que tratan a sus animales."

HUMBOLDT

"Llegará un tiempo en que los seres humanos se conformarán con una alimentación vegetariana y juzgará la matanza de animales tal como juzga el asesinato de un hombre."

LEONARDO DA VINCI

"Si yo viviera otra vida, la dedicaría enteramente a la lucha contra la vivisección."

BISMARK

"Si fuéramos capaces de imaginar lo que ocurre continuamente en los laboratorios de vivisección, no podríamos dormir en paz ni estaríamos felices y tranquilos ningún día."

DR. RALPH BIRCHER

"Si un hombre aspira sinceramente a vivir una vida real, su primera decisión debe ser abstenerse de comer carne y no matar ningún animal para comer."

LEÓN TOLSTOI

"No me interesa ninguna religión cuyos principios no mejoren ni tengan en consideración las condiciones de los animales."

ABRAHAM LINCOLN

"La no violencia nos lleva a los más elevados conceptos de ética, el objetivo de toda la evolución. Hasta que dejemos de perjudicar a todos los demás seres del planeta, continuaremos siendo salvajes."

THOMAS EDISON

"*Si los mataderos tuvieran paredes de cristal, todos serían vegetarianos. Nosotros nos sentimos mejores con nosotros mismos y mejores con los animales, sabiendo que no estamos contribuyendo con su sufrimiento.*"

PAUL Y LINDA MCCARTNEY

"*Como cuidadores del planeta, es nuestra responsabilidad tratar a todas las especies con cariño, amor y compasión. Las crueldades que los animales sufren por las manos de los hombres están más allá de nuestra comprensión. Por favor ayude a parar esta locura.*"

RICHARD GERE

"*Si usted pudiera ver o sentir el sufrimiento, no lo pensaría dos veces. Devolvería la vida. No coma carne.*"

KIM BASINGER

"*Matar un animal para hacer un abrigo es un pecado. No tenemos ese derecho. Una mujer realmente tiene clase cuando rechaza que un animal muera para ser puesto sobre sus hombros. Solamente así ella será verdaderamente bella.*"

DORIS DAY

"*Detrás de una bella piel hay una historia. Una sangrienta y bárbara historia.*"

MARY TYLER MOORE

"La compasión hacia los animales está íntimamente conectada con la bondad de carácter. Y puede afirmarse con certeza, que quién es cruel con los animales, no puede ser una buena persona."

ARTHUR SCHOPENHAUER

"Cuando me hice vegetariano perdoné a dos seres, el otro y yo."

PROFESOR HERMÓGENES

"No comer carne significa para mí mucho más que una simple defensa de mi organismo; es un gesto simbólico de mi voluntad de vivir en armonía con la naturaleza. El hombre necesita un nuevo tipo de relación con la naturaleza, una relación que sea integradora en lugar de dominadora. Una relación que suponga estar dentro de ella en lugar de poseerla. No comer carne simboliza el respeto a la vida universal."

PIERRE WEIL

"No crea que los animales sufren menos que los seres humanos. El dolor es el mismo para ellos que para nosotros. Tal vez peor, pues ellos no pueden ayudarse a sí mismos."

DR. LOUIS J. CAMUTI

"Cada cual lleva dentro de sí un águila. Siéntase portador de un proyecto infinito..."

LEONARDO BOFF

"*Ah, sí, los animales. Pues deje a los bichitos en paz. ¿O qué? ¿Son demasiado buenos? Bueno, entonces está, si no hay manera, está hecho.*"

SONIA HIRSCH

"*Basándome en mi experiencia en Los Ángeles, mi consejo al público es que no coma carne.*"

GREGORIO NATAVIDAD, INSPECTOR DE SALUD

"*Yo no vuelvo a comer pollo. No voy a comer eso. Ni voy a permitir eso en mi casa.*"

RODNEY LEONARD,
INSPECTOR DE SALUD DE ESTADOS UNIDOS

"*Ellos son literalmente eliminados. Vimos en un corral de ponedoras cómo recogían a los pollitos machos de cada bandeja y los metían en sacos de plástico. Nuestro guía nos explicó: los metemos dentro del saco y los dejamos morir asfixiados.*"

MASON Y SINGER EN EL LIBRO *ANIMAL FACTORIES*

"*Es una pérdida cuando se matan las unas a las otras. Eso significa que desperdiciamos la comida que les dimos.*"

HERBERT REED, CRIADOR DE GALLINAS

FRASES CHAMÁNICAS

"¿Qué es la vida? Es el brillo de una luciérnaga en el sereno de la noche. Es el aliento de un bisonte en invierno. Es la pequeña sombra que corre en la hierba y se deshace en la puesta de sol."

CROWFOOT - T.C McLUHAN

"¿Qué es la vida si el hombre no puede volver a escuchar el canto de los pájaros? ¿Qué sería de la vida sin los animales?"

"Si los animales se marcharan el hombre moriría en una gran soledad de espíritu."

JEFE SEATTLE

"Cuando tenía 10 años miré a la tierra y a los ríos, el cielo sobre mí y los animales que me rodeaban, y no pude evitar sentir aquellos eran obra de un poder superior."

TATANKA-OHITIKA

"Somos el pueblo de los pájaros, el pueblo alado, las lechuzas y las águilas. Somos una nación y usted será nuestro hermano…"

TAHCA USHTE/RICHARD ERDOES

"La facultad que algunos chamanes tienen para aparecer bajo una forma animal, por ejemplo encarnado en el espíritu del oso o del coyote, muestra bien que estos consiguen, por una singular alquimia mental, interceptar e integrar la esencia específica de cada animal."

ALIX DE MONTAL

"Aprender la lengua de los animales equivale a conocer los secretos de la naturaleza, a ser capaz de profetizar…"

"La amistad con los animales, el conocimiento de su lenguaje y la transformación en animal son señales de que el chamán recuperó su situación paradisíaca perdida en la Aurora de los tiempos."

MIRCEA ELIADE

"En aquel momento percibí que era el espíritu de un jaguar, y el rastro que seguía era el de perro rojo…"

LYNN V. ANDREWS

"El águila creo el nahual. El nahual es un ser duplicado para quien el reglamento ha sido revelado."

DON JUAN - CASTAÑEDA

"El verdadero humano puede conectarse con las esencias de la selva, los espíritus de la lluvia, los espíritus de cada cosa viva y puede representarlo regularmente y evocar lo mejor que tienen para dar."

"Honren al espíritu de Dios, no de una forma abstracta, sino en sus hermanos y hermanas, en su propio corazón.

Ofrezcan libremente su reverencia. Reverencien a los venaditos de la selva, a las águilas que vuelan por los desfiladeros de la montaña, al castor que ama cada momento de la vida… Y así es como podéis honrar a Dios y a todas las cosas por él creadas."

KEN CAREY

"La conexión entre los humanos y el mundo animal es esencial en el chamanismo. El chamán usa su conocimiento y sus métodos para participar del poder de ese mundo. A través de su espíritu guardián o animal de poder, el chamán conecta con el poder del mundo animal, con mamíferos, pájaros, peces y otros seres."

MICHAEL HARNER

"Una de las mayores dádivas para mí en mi trabajo con las jornadas chamánicas, ha sido la bella alianza que desarrollé entre mi persona y mi animal de poder."

SANDRA INGERMAN

"Es posible encontrar animales que se comunican con usted de forma particular a través del poder. Esos animales le pueden enseñar secretos especiales de cura y pueden llamarlo para que usted los acompañe a la dimensión de los sueños…"

JAMIE SAMS & DAVID CARSON

"Los animales representativos de nuestra naturaleza instintiva son auxiliadores, animales poderosos y aliados, guías y mensajeros y, a veces, guardianes y jueces. Incluso cuando

su significado o mensaje no sean evidentes, su presencia en una historia o en un sueño no es accidental ni incidental; ellos están ahí por algún motivo que debe ser analizado."

ROSELLE ANGWIN

"Los animales pertenecientes a un chamán son espíritus auxiliares, familiares, y son visibles solamente para él."

PAUL DEVEREAUX

"Los animales de poder pueden ayudar en muchas tareas, para las cuales usted puede precisar auxilio. Ellos adoran servirlo porque aprenden ayudándole en sus desafíos."

JOSE STEVENS Y LENA S. STEVENS

"Debe quedar bastante claro que su animal de poder ya existe, al menos potencialmente, dentro de usted."

NAMUA RAHESHA

"Las entidades físicas que otorgan poder también varían. Existe el poder del cuervo, del halcón, del águila, del oso, del lobo, del coyote, del gamo, del salmón, de un escarabajo, de una serpiente bicéfala, del temazcal, de las cascadas, del viento, del rayo, del trueno, de las estrellas, de la Luna y del Sol. Todo lo que existe en la naturaleza, visible u oculto, se considera fuente de poder espiritual que puede ser usada por el curador a partir del momento en que aprende a contactarla."

PARDO DO LAGO, MÉDICO URSO

"En la choza percibí otra manera de conectarme al espíritu, No considerándolo como una fuente todopoderosa, vengativa o retadora, sino como una presencia eterna por todas partes: en los árboles, en los animales, en las nubes y hasta en las piedras."

CARL A. HAMMERSHCHLAG M.D.

"Algunos psicoterapeutas utilizan técnicas de visualización dirigida a evocar imágenes de animales de poder o guías espirituales, para después incentivar al cliente a interaccionar con ellos y aprender con tales guías. Muchos terapeutas relatan que esto puede favorecer mucho el tratamiento."

ROGER N. WALSH

*"Espíritus de la floresta revelados a nosotros por el honi xuma
traednos el conocimiento de la región
ayudadnos en la dirección de nuestro pueblo
dadnos el secreto de la jiboia
la visión penetrante del gavilán y de la lechuza
la aguda audición del venado
la resistencia bruta del ante
la gracia y fuerza del leopardo
el conocimiento y la tranquilidad de la luna,
espíritus hermanos, guiad nuestro camino."*

CANCIÓN DE PODER - BRUCE LAMB

"Los animales de poder nos sirven a nosotros y nosotros a ellos. Hacemos parte los unos de los otros. Estamos interconectados a través de los 7 chakras…"

ALBERTO VILLOLDO/ERIK JENDRESEN

"Un minuto más tarde el oso entró en mi campo de visión etérea y poco después me sentí incorporado por la colosal energía del animal. Mis brazos se levantaron, mis dedos se curvaron como garras de plantígrado, mi espalda se arqueó levemente, así como mis hombros y mi rostro se deformaron como si los músculos faciales quisieran reproducir un hocico idéntico al del animal."

PATRICK DROUOT

"Podía escuchar aquellas balas golpeando en el cuerpo del águila. La bala rebotó. Entonces el águila dijo: 'me usaste como blanco sin ningún motivo. Pero yo soy un Espíritu. Yo soy Sagrada. Dentro de algunos días si usted se considera educado, podrá preguntar: ¿Qué? ¿Quien? ¿Dónde? ¿Cómo?'"

WALLACE BLACK ELK - ALCE NEGRO

"La educación que me dieron mis abuelos fue a través de los animales: de las lombrices, de los insectos, de los peces, de los ciervos... ellos me decían que hace miles de años los animales se comunicaban constantemente con el hombre."

ARCHIE FIRE LAME DEER

"Todas las criaturas que corren, reptan, nadan o vuelan, tienen propósito y son una expresión de la Fuente Creativa. En las jornadas chamánicas el poder de los animales es una fuente benéfica de poder."

KENNETH MEADOWS

"*Al buscar una relación verdadera y una alianza con los Espíritus Animales, nos volvemos parte del Círculo de la Vida, dando, recibiendo y dando nuevamente.*"

DOLFYN

"*El Mundo animal tiene mucho para enseñarnos. Algunos animales son expertos en supervivencia y adaptación, otros nos dan fuerza y coraje y otros nos enseñan a jugar y divertirnos.*"

TED ANDREW

BIBLIOGRAFÍA

LA BIBLIA

La imaginación en la cura - Jeanne Achterberg - Summus Editorial

Palabra animal - Ted Andrews - Llewellyn Publications

La serpiente y el círculo - Namua Rahesha - Pensamento

Astrología Esotérica - Sol Nascente

Las máscaras de Dios - Joseph Campbell - Palas Athena

Arquetipos del Zodíaco - Kathleen Burt - Pensamento

Cabalgando al dragón - Roselle Angwin - Cultrix

Cartas Chamánicas - Jamie Sams e David Carson - Rocco

Curso Básico de Astrología - Marion D.March e Joan McEver- Pensamento

Dioses animales - Elisabeeth Loibl - Círculo do Livro

Espacio Sagrado - Denise Linn - Bertrand Brasil

Glosario Teosófico - Helena P. Blavatsky - Ground

Historia del origen de la conciencia - Erich Neumann - Cultrix

Horóscopo Azteca - Christa-Maria e Richard Kerler - Pensamento

I Ching, el libro de las Mutaciones - Richard Wilhelm - Pensamento

El I Ching de Eranos - Rudolf Ritsema, Shantena Augusto Sabbadini, Cruz Mañas Peñalver, Editorial Cántico.

Imaginación Mítica - Stephen Larsen - Campus

Iniciación Inca - Marisa Varela - Nova Fronteira

Inipi, El Canto de La Tierra - Archie Fire Lame Deer - Sirio

Leyendas e historias de los indios - Literart

Machu Pichu - Simone Waisbard - Hemus

Memorias y visiones del Paraíso - Richard Heinberg - E. Campus

Mahoma y el Islam - Theodore M.R. Von Keler - Ediouro

El camino del chamán - Michael Hamer - Pensamento

El libro tibetano de los muertos - W. Y. Evans- Wentz - Pensamento

El Renacimiento de la naturaleza - Rupert Sheldrake

El autoconocimiento a través de los mandalas - Suzanne F. Pincher - Pensamento

El círculo de los fuegos - Jacques Lizot - Martins Fontes

El hechicero del Alto Amazonas - Bruce Lamb - Rocco

El físico el chamán y el místico - Patrick Druot - Nova Era

El hombre y sus Símbolos - Jung - Nova Fronteira

El poder del Mito - Campbell e Moyers - Palas Athena

El rescate del Alma - Sandra Ingerman - Nova Era

El chamanismo - Alix de Montal

Los animales y la Psique - Palas Athena

Los Arcanos Mayores del Tarot y la Cábala - Stephan A. Hoeller - Pensamento

Los misterios de la Wicca - Raven Grimassi - Gaia

Los secretos del chamanismo - J. Stevens e Lena Stevens - Objetiva

Quirón y el camino en busca de la cura - Melanie Reinhart - Rocco

Reencuentro con el Alma - Larry Dossey - Cultrix

Runas - Anthony Clark - Tony Willis - Pensamento

Sabiduría de los animales - Carminha Levy / Álvaro Machado - Opera Prima

Caminos secretos de los Nativos Americanos - Thomas E. Mails - Counsil Oak Books

Chamanismo como práctica espiritual para la vida diaria - Tom Cowan - The Crossing

Sabiduría chamánica II - Dolfyn & S.Wolf. - Earthspirit

Espíritus de la tierra - Bobby Lake-Thon - Plume

Compendio etimológico brasileño - Arte Índia - Darcy Ribeiro

The Book Of Beasts - T.H.White - Dover Publications

Tarot clásico - Stuart R. Kaplan - Pensamento

El chamanismo y las técnicas arcaicas del éxtasis - Mircea Eliade - Martins Fontes

ÍNDICE

El espíritu animal
de Léo Artese
compuesto con tipos Adobe Garamond Pro
bajo el cuidado de Dani Vera,
se terminó de imprimir
el 14 de febrero de 2023.

LAUS DEO